U0905521

[美国] 哈立德·科泽 著　吴周放 译

国际移民

牛津通识读本·

International Migration

A Very Short Introduction

译林出版社

图书在版编目（CIP）数据
国际移民／（美）科泽（Koser, K.）著；吴周放译．—南京：译林出版社，2015.9（2019.9重印）
（牛津通识读本）
书名原文：International Migration: A Very Short Introduction
ISBN 978-7-5447-3278-9

I.①国… II.①科… ②吴… III.①移民问题－研究－世界 IV.①D523.8

中国版本图书馆CIP数据核字（2012）第219857号

著作权合同登记号　图字：10-2014-197号

国际移民［美国］哈立德·科泽／著　吴周放／译

责任编辑　於　梅
责任印制　董　虎

原文出版　Oxford University Press, 2007
出版发行　译林出版社
地　　址　南京市湖南路1号A楼
邮　　箱　yilin@yilin.com
网　　址　www.yilin.com
市场热线　025-86633278
排　　版　南京展望文化发展有限公司
印　　刷　江苏苏中印刷有限公司
开　　本　635毫米×889毫米　1/16
印　　张　17.25
插　　页　2
版　　次　2015年9月第1版　2019年9月第5次印刷
书　　号　ISBN 978-7-5447-3278-9
定　　价　39.00元

序言

宋德星

在当今世界，尽管绝大多数人都生活在被称之为“国家”的领土共同体之中，但仍有相当规模的人群，由于各种原因，采取各种形式，包括以合法的和非法的途径，进行着跨国界的流动。其中，国际移民就是最常见的人员国际性流动的方式之一。实际上，在今天的中国，尤其是在都市里的人们，几乎都能通过媒体得知或直接观察到国际移民活动，并多少感受到了国际移民给国家政治生活乃至个人生活带来的诸多有形或无形的影响。因为一方面是我们身边不断有人移居海外，或者是有组织地进行着海外劳务输出，以至于新时期我国外交政策的一个十分重要的方面，就是强调要以人为本，其中包括保护海外的中国公民和海外华人的正当权益不受非法侵害；另一方面是来自国外的人们生活和工作在中国的大地上。结果，作为一种现象，国际移民问题不仅成为了人们日常生活中一个津津乐道的议题，而且往往还会引发人们对这类问题的关联性思考，特别是与之相关的伦理道德判断和人道主义关切。

尽管国际移民现象就发生在我们身边，但要理性地认识和把握国际移民问题，特别是要读懂国际移民背后所隐藏着的、带有永恒性质的根本问题，显然并不是一件容易的事情。这是因为国际移民现象一方面由来已久，在人类历史上几乎就没有真正终止过，另一方面又经历了巨大的历史时空变化，结果使得人们思考和评判国际移民问题的维度不会也不可能一致。加之国际移民问题与发展、安全、政治、法律、伦理等问题紧密关联且相互作用，以至于一位学者认为，当代国际移民呈现出了“多样性和复杂性”并存的发展趋势（[英]戴维·赫尔德等著，杨雪冬等译：《全球大变革——全球化时代的政治、经济与文化》，社会科学文献出版社，2001 年，第 421 页）。

结果，当代国际移民，无论是全球性迁移还是区域性迁移，其政治效应的复杂程度，远远超乎人们的想象。除去那些人所共知的积极因素外，国际移民带给人们更多的是反思。首先，在国际政治意义上，它带来了一个主权国家不容回避的根本问题，即非法的移民流的存在，严重冲击着民族国家独立保护自己边界的能力，结果使得非法移民问题日益成为非传统安全领域的一个突出问题，以至于主权国家不得不认真加以应对。其次，就国内政治而言，国际移民最直接、最深远的影响在于，它在很大程度上改变了国家运作所必需的国内政治环境，因为随着人们向其他民族国家的规模性流动，少数民族集团或种族集团也就随之形成，进而以比其他利益集团更加高效的方式进行着政治动员，并最终在身份认同问题上提出自己的政治意愿和要求，即强调目的地国有责任和义务尊重其基本人权和给予消除民族差别的公平待遇。也就是说，国际移民不仅引发了带有显著政治意涵的国内政治争议，而且将不可避免地重塑政治利益和对这些利益的理解，结果往往导致种族冲突。再次，由于人们越来越认识到国际移民现象不可避免，于是在应对国际移民的消极影响方面，也就催生了观念层面上的重大变化，即由片面地强调通过国家政策控制移民，发展为国际社会共同管理国际移民。正是在这个意义上，移民问题的国际和国内分野日渐模糊。结果，人们再也不像以前那样，仅仅是从国内政治的单一视角来思考移民问题了。

就像环境、能源等全球性议题一样，今天，国际移民问题是如此的贴近人们的生活，对国家又是如此的重要，以至于不仅国务家、研究人员，而且就连普通百姓，都应理性地认识和把握国际移民问题。显然，要把极具“多样性和复杂性”的国际移民问题讲清讲透，本身就极为不易；而要让普通百姓也能像专业人士一样去理解国际移民问题，则更加困难。然而，译林出版社推出的《国际移民》一书，不失为这方面的有益尝试，因为它把一个十分重要的专业领域，用最通俗易懂的方式，呈现给了读者。首先，该书作者，美国移民问题专家哈立德·科泽不仅出版了大量的有关移民、难民、国内流离失所者等方面的作品，而且还曾前往阿富汗、巴尔干地区、非洲之角、南非和西欧，就这类问题进行过实地考察。他强调其写作目的就是“为了给更加理智地讨论国际移民问题定下基调”，也就是说，通过凸显全球视野、对移民问题进行感情移入式的理解(即以实地考察为研究素材)，以及透过对那些与移民活动密不可分的根本问题的关联性思考，来论说国际移民活动和现象。其次，在写作中，作者尽力避免使用政治和媒体的话语来论说国际移民问题，因为政治语言多半纠杂着权势斗争哲学，而媒体则往往夸大其辞。例如，在第五章，作者用“非常规移民”取代“非法移民”这一政治用语，目的就是为了引导读者走出那些想当然的认识误区，从而为理性思考移民问题导引了正确的航向。第三，尽管这是一部简明的通识读本，但作者哈立德·科泽仍很好地凸显了该项研究的专业性质。这不仅体现在诸如移民、难民、非常规移民、寻求庇护者这类核心概念的解释上,更主要地,作者通过将移民问题置于全球语境之中,并辅之以长历史时段的分析,从而得以在一个短小的篇幅中,将国际移民问题放大再放大,促使读者不断地放飞自己的想象,去思考国际移民的未来。这或许就是该书得以成功的最大缘由吧。

相信中国读者也能从哈立德·科泽的著作中读出一些中国元素来,并以开放的、包容的、全球的眼界,来重新审视国际移民问题,因为这也是和谐世界建设中不容忽视的主要问题之一。

2009 年 7 月 20 日于南京

目录

缩略语 I

1 移民问题缘何重要 1

2 何为移民 14

3 移民与全球化 25

4 移民与发展 37

5 非常规移民 49

6 难民与寻求庇护者 64

7 社会中的移民 83

8 国际移民的未来 101

索引 114

英文原文 131

缩略语

CIS	独联体
EEA	欧洲经济区
ELR	特许居留
EU	欧盟
GCIM	国际移民全球委员会
GDP	国内生产总值
HDI	人类发展指数
HTA	老乡会
ICT	公司内部调动人员
IDP	国内流离失所者
ILO	国际劳工组织
IOM	国际移民组织
IPS	国际旅客调查
NAFTA	北美自由贸易协定
NGO	非政府组织
NIC	新型工业化国家
OECD	经济合作与发展组织
PRD	珠江三角洲
UK	英国
UN	联合国
UNDESA	联合国经济社会事务部
UNDP	联合国发展计划
UNHCR	联合国难民事务高级专员公署
USA	美国

第一章

移民问题缘何重要

当前,国际移民比以往任何时候都要多,而且在可预见的将来,其数量必定还会增加。世界各国正在且将会继续受其影响。移民与其他包括发展、贫困及人权在内的重要的全球性问题有着不可分割的联系。移民往往是那些最具创业才能、最有活力的社会成员。回顾历史,移民在促进经济、建设国家及丰富文化等方面都起到了支柱性作用。同时,移民也带来了重大挑战。有些移民遭受剥削,人权受到侵犯,在与目的地国的融合过程中也会面临困难;此外,移民会使来源国丧失重要的技术人才。基于上述及其他一些原因,移民问题的确很重要。

国际移民简史

移民的历史可以一直追溯到东非大裂谷的人类先祖。生活在公元前一百五十万年到公元前五千年之间的直立人及智人最先从东非大裂谷迁徙到欧洲,之后又迁入其他大陆。古希腊的殖民以及古罗马的扩张都是凭借移民才得以实现的,欧洲之外的重要迁移也与美索不达米亚帝国、印加帝国、印度帝国以及中国的周王朝不无关系。历史早期的其他重要移民包括维京人的迁移。

图 1 美墨边境是全球被穿越得最为频繁的国际边境——每年穿越该边境的人数约有三亿五千万

移民历史学家罗宾·科恩认为，在较近的历史时期，即过去两三百年间，出现了一连串重大移民时期或移民事件。十八和十九世纪最主要的移民事件当数奴隶的被迫迁移。主要来自西非的约一千二百万人被迫迁移到新大陆，少数人越过了印度洋和地中海。这次移民之所以如此重要，除其规模巨大外，原因之一就是它对奴隶的后裔尤其是非裔美国人仍有重要影响。奴隶制瓦解之后，大批的契约劳工从中国、印度以及日本涌入各欧洲大国继续在种植园劳作，仅来自印度的劳工就约有一百五十万之巨。

欧洲的扩张也离不开欧洲人大规模的自愿外迁，向殖民地、自治领及南北美洲的迁移尤其突出。英国、荷兰、西班牙及法国等商业大国，均鼓励国民到海外定居，其中不仅有工人，还有农民、持不同政见的军人、罪犯及孤儿。与扩张相关的移民活动随着十九世纪末反殖民运动的兴起而基本告终。事实上，在其后约五十年间还出现了重返欧洲的重大回流，如涌回法国的所谓黑脚杆（居于阿尔及利亚的法国人）。

下一个移民时期的到来是以美国作为工业强国的兴起为标志的。从十九世纪五十年代直到二十世纪三十年代的经济大萧条，数以百万计的工人从经济停滞的地区，从北欧、东欧及南欧国家源源不断地涌入美国，更不用说还有逃离饥荒的爱尔兰人。曾有大约一千二百万这类移民在纽约港的埃利斯岛登陆接受移民检查。

其后的重大移民时期是在第二次世界大战之后：为维持迅速繁荣起来的战后经济，欧洲、北美及澳大利亚都需要大量的劳动力。例如，在这一时期，许多土耳其移民到德国工作，不少北非人到法国及比利时工作。也正是在这一时期，约一百万英国人，即所谓的十镑移民，迁移到了澳大利亚。作为吸引新移民的一项措施，澳大利亚政府为他们支付路费并付给他们每人十英镑的赠金。同样是在这一时期，世界其他地区非殖民化对移民的影响仍在继续，最主要的是 1947 年印巴分治后数以百万计的印度教徒及穆斯林的迁移，以及以色列建国后犹太人和巴勒斯坦人的迁移。

尽管国际劳工移民潮在美国一直持续到二十世纪九十年代初，但在欧洲，到二十世纪七十年代时国际劳工移民潮就已告一段落。全球经济的发动机已经开始明显地向亚洲转移，但与此极不相符的是，亚洲的劳工移民仍在增长。稍后，在本书中我们会看到在过去二十年左右的时间里，寻求庇护者、难民及非常规移民向工业化国家的迁移已变得越来越重要。

对国际移民近期发展的概述不可能无所不包，而只能有所取舍，目的并不仅仅在于强调移民不是一个新现象，还在于确定本书中将反复出现的主题。移民问题与革命、战争以及大国兴衰等全球重大事件相关；移民问题与经济扩张、国家创建以及政治改革等重大变化相关；移民问题也同冲突、迫害、权利剥夺等重大问题不无关系。移民问题自古以来就很重要，当今亦是如此。

国际移民的维度及发展趋势

联合国将在常住国以外滞留至少一年的人定义为国际移民。根据这一定义，联合国估计2005年全球共有大约两亿国际移民，其中包括约九百万难民。这差不多相当于世界第五大人口大国巴西的人口。现在全球每三十五个人中就有一个是国际移民。

换句话说，现在全球人口中只有百分之三属于国际移民。但是移民的影响绝不仅限于移民本人——本书稍后将加以详细说明。移民对国内外的社会、经济及政治都有着重要的影响。颇具影响的《移民时代》(2003)一书的作者斯蒂芬·卡斯尔斯和马克·米勒写道：

> 今天无论是在工业化国家还是欠发达国家，没有移民经历和不受到移民影响的人实在少见。这种普遍的经历与

感受已经成为了移民时代的标志。(第五页)

在仅仅二十五年里,国际移民的数量翻了不止一番,在二十一世纪头五年就增加了两千五百万(表 1. 1)。1990 年以前,大多数国际移民生活在发展中国家;而今天大多数国际移民生活在发达国家,且比例正在增长。1998 年到 2000 年之间,发展中国家的移民从五千两百万增加到六千五百万, 与之相比,发达国家的移民则从四千八百万增至一亿一千万。2000 年,欧洲移民约六千万,亚洲四千四百万,北美洲四千一百万,非洲一千六百万,而拉丁美洲和澳大利亚总共才六百万。2000 年约百分之二十的移民(三千五百万)生活在美国。俄罗斯是当年最为重要的第二大移民侨居国,当年约接纳移民一千三百万,几乎是全球移民总数的百分之八。德国、乌克兰以及印度的排名紧随其后,各在六百万到七百万之间。

表 1.1 国际移民数量分布一览(按世界区域划分,时间跨度从 1970 年到 2005 年,单位为百万)

年份	1970	1980	1990	2000	2005
全球总数	81.5	99.8	154.0	174.9	200(估计)
发达国家总数	38.3	47.7	89.7	110.3	无数据
发展中国家总数	43.2	52.1	64.3	64.6	无数据

来源:联合国经济社会事务部,《世界经济与社会调查:国际移民》(纽约:联合国,2004)

要说清国际移民的最大来源国是哪些就困难多了,这主要是因为来源国一般不统计在外侨民的数量。尽管如此,据估计,当前旅居海外的华人至少有三千五百万，印度人有两千万，菲律宾人有八百万。

上述事实和数据传达了一个强烈的信息：当今国际移民影响着全球每一个角落。全球移民中，由“南”至“北”的移民比例增加了。在第三章我会说明人们从穷国迁往富国的重要原因。同时，对于区域内的重大移民活动也不可忽视。在波斯湾各国工作的亚洲移民约达五百万。据估计，南非约有两百五十万到八百万的非常规移民，几乎全都来自撒哈拉沙漠以南的非洲国家。在第六章我们会看到，发展中国家的难民比发达国家的难民要多很多。同样，每年移居英国的欧洲人也比从欧洲以外移居英国的人要多，这些欧洲人当中有不少都是因海外任职期满而重返故土的英国人。

除了国际移民的规模及不断变化的地理分布之外，至少还有三个趋势标志着当代与早先国际移民的模式及过程已是大相径庭。首先，移民中女性的比例迅速增加。2005 年女性移民的数量几乎占到移民总量的百分之五十。她们当中超过一半人生活在发达国家，其余则在发展中国家。据联合国统计，2005 年，欧洲、拉丁美洲、加勒比海地区、北美洲、大洋洲及前苏联的女性移民超过了男性移民。此外，尽管长久以来女性移居海外是为了与配偶相聚，但现在越来越多的女性已是独立移民。她们往往是其国内家庭的主要经济来源。

女性移民日益增多的原因有很多。原因之一是，对海外劳动力的需求越来越显现出性别倾向。这些需求集中在主要由女性从事的诸如服务、医疗保健及娱乐等行业，在较发达国家尤其如此。第二个原因是，越来越多的国家已经把家庭团聚的权利惠及移民，换句话说，它们准许移民与其配偶及儿女团聚。这里所说的配偶往往都是女性。移民来源国国内性别关系的变化也意味着女性移民较以往有更大的自主性。还有一个原因是，从事家务劳动的女性移民(亦称“女佣贸易”)、有组织的婚姻移民(亦称“邮购新娘”)，以及拐卖女性从事性服务的现象都日渐增多，在亚洲尤甚。

第二个趋势是，传统上对来源国、过境国及目的地国的区分现在已经越来越模糊。今天，几乎世界上每一个国家都同时扮演着这三个角色，都有移民离境、过境及入境。或许世界上没有任何一个地方能比地中海地区更能说明来源国、过境国及目的地国三者之间的界限是何等模糊了。大约五十年前，这种区分还相当清楚。当时所有的地中海国家，不管是位于北非还是南欧，都是移民来源国，这些移民主要是去北欧工作。二十年前，随着越来越多的北非人到经济日益繁荣的南欧工作，以及与此同时有心北上工作的南欧移民的减少，南欧由移民迁出地变成了移民迁入地。今天，北非也正在由一个移民来源地向移民过境地和移民目的地转变。越来越多的移民从撒哈拉沙漠以南的非洲地区迁往利比亚、摩洛哥及突尼斯。有些人定居下来，有些人(通常是非法地)越过地中海来到南欧，在南欧又有些人定居下来，有些则继续迁至北欧。

第三个趋势是，过去几百年间重大的移民活动大多都是永久性的，而如今短期移民变得越来越重要。即便是那些在国外度过大半生的人也梦想能够重返故土，回到出生地。现在，相对而言，移民到某个国家并在那里终其一生的人已不多见。

再者，移民一次便重返故国的传统模式似乎已渐次消亡。越来越多的人一生移民数次，经常是到不同的国家或地区，其间返回祖国。国际旅行较以前便宜很多，也更为便利，因此，即

图 2 一辆满载移民的卡车从尼日尔的阿加德兹开往北非

使是那些长期在外的移民，回国也越来越频繁。在来源国与目的地国之间往返且在目的地国只短期居住的所谓旅居移民有着悠久的历史，如十九世纪及二十世纪初在东南亚和澳大利亚的多数中国移民即属此类。而现在，这种来回往返的移民已是规模空前，交通与通讯革命方面的发展更是促进了这类移民。

循环移民

移民问题专家约翰·索尔特在其 2005 年向欧洲委员会所作的报告《当前欧洲移民问题的趋向》中指出了欧洲移民的几种新类型（第十九页）："阿尔及利亚的移民路线已经有了根本改变。传统上迁入法国的劳工移民已经被各式的循环移民代替，其中许多阿尔及利亚人成为了手拎皮箱、足迹遍及地中海地区的商人。他们通常服务于旅游市场，其迁移在家族网络中进行，这使得他们随便在哪个城市都能够把握商机。据了解，罗马尼亚人也通过非正式的跨国网络进行循环移民，并利用这种网络打入面向非法劳工的各种劳动力市场。二十世纪九十年代早期从特兰西瓦尼亚迁往德国的日耳曼人也是循环移民，他们在德国工作，间或返回罗马尼亚生活。”

国际移民的机遇

在人类历史上移民活动从未中止过，且影响重大。它促进了世界经济增长，对国家和社会的发展作出了贡献，同时也丰富了许多文化与文明。移民已成为最有活力、最具创业精神的社会成员。为了给自己以及子女创造新的机会，他们背井离乡，作好了冒险的准备。比如，美国经济增长史在诸多方面都可算作是移民史：安德鲁·卡内基（钢铁业）、阿道弗斯·布施（啤酒业）、塞缪尔·高德温（电影业）以及海伦娜·鲁本斯坦（化妆品业）均为移民。柯达、大西洋唱片公司、美国无线电公司、美国全国广播公司、谷歌、英特尔、Hotmail、太阳微系统、雅虎和易趣网都是由移民创办或联合创办的。

在当今世界，国际移民继续在国家、地区及全球事务中扮演着重要角色，尽管这一角色往往不被承认。在许多发展中国家，较之由富国提供的官方援助，移民寄回家的钱成为更为重要的收入来源。在有些发达国家，经济的各个领域以及许多公共服务行业已高度依赖移民劳动力，倘若这些劳动力撤走，则一夜之间就会崩溃。尽管难有实证，但人们常说，移民之于英国，价值胜过北海石油。据世界银行估算，全世界移民劳动力收入达二十万亿美元，其中绝大多数都投资在了自己所工作的国家。另有一项研究表明，美国大约一千五百万的外来劳动力给美国经济带来了超过一百亿美元的财富。移民劳动力因此被认为对经济增长作出了巨大贡献。在世界上很多地方，移民所做的不光是所在国国民不愿做的工作，而且还包括一些所在国国民无法从事的高价值活动。

移民及移民活动不光有助于经济增长，事实上，他们在社会和文化生活领域的影响或许最令人感受深刻。在世界范围内，民族、语言、风俗、宗教以及生活方式各异的人彼此之间正在形成前所未有的联系。不管承认与否，大多数社会如今至少已经或多或少具有多样性的特色。在对英国大学生授课时我经常会提到这个观点，指出在过去的二十四小时当中，他们吃的东西或者听的音乐几乎肯定是来自世界其他地方，他们所看的一流运动团队中有移民队员或是移民后裔。移民集中地出现在香港特别行政区、伦敦或者纽约这样的"国际化城市"绝非偶然。正是这样充满活力和创新精神而且高度国际化的大都会使世界上的人们、地域以及文化日益紧密地发生着联系。

国际移民的挑战

同时，倘若否认国际移民也形成了重大挑战，则未免有些天真。也许说得最多的要数移民与安全之间的联系。尤其是在"9·11"之后，认为国际移民与恐怖主义之间有着密切关系的看法已经形成。前不久马德里和伦敦的袭击事件更增强了这种看法。全球各地规模见长的非常规移民有时会被政客以及公众视为国家主权和公众安全的威胁。在不少目的地国家，当地社会越来越惧怕移民社区的出现，尤其是那些带有陌生异域文化又与极端主义和暴力有关的社区。

这些担忧不无道理,不容低估。随后几章将对其进行深入考察。同时,太多的注意力可能被放在了移民对目的地国及其所定居的社会的挑战上面了,而对那些移民本身、他们的家庭以及其身后的人民与社会所面临的挑战则关注不够。

首先应当记住，许多移民是因为别无选择才背井离乡的。2005 年全球难民约有九百万，他们都是因为怕遭受迫害或死亡才离开故土的。他们的旅程一经开始就有许多移民(不仅是难民)死在途中。此外,有些移民一到目的地便发现自己陷入遭人剥削且人权受到侵犯的境地。对于那些人口贩卖的受害者来说尤其如此,他们很容易被奴役,而且往往会卷入性行业当中。家佣在雇主手下也可能会受到虐待并遭受暴力。更为普遍的是,即使已经在海外定居多年,许多移民及其子孙仍然会面对歧视和偏见。移民问题对移民本身所造成的消极影响不亚于其对目的地社会所形成的挑战。

移民问题也会对移民离之而去的社会产生重要影响。在第四章我会说明，对于那些本身就缺乏移民所具有的技能的国家,这种影响则更为深刻。受所谓人才流失影响最为严重的要数医疗行业,教育行业同样也深受影响。这种外流不仅降低了穷国提供基本服务的能力,也意味着教育及培训此类人才的公共投入付诸东流。

国际移民概述

基于本章所列的种种原因,国际移民在许多国家已经成为了政治议程上的首要问题,引得媒体大加报道并已成为广泛的公众话题。然而,就移民问题的讨论却往往难以令人满意。首先概念就不清楚，比如“寻求庇护者”、“难民”以及“非常规”或“非法”移民之类的说法经常被交替使用。引用统计数据的方式也常常让人惊恐而没有使人增进了解。正常呈现的移民状况非常有限。总之，移民问题真正的多样性及复杂性经常被忽视。

在这样的背景下，该概述旨在向读者提供解读当今主要移民问题以及吸引读者参与理性讨论所需的说明、分析及数据。作为一名讲授并研究移民及其相关问题逾十五年的学者，我自然有自己的视角和观点。但我已经试图将其置之幕后，隐而不显，以全景呈现围绕当今移民问题的讨论。此外，本书未将移民政策作为关注中心，但切题之处也引入了一些针对政策影响的评论。

试图将任何一个包含研究、著述及政治讨论的庞大领域浓缩进这么一本小书，都不可避免地需要有所选择。面对这一挑战，不同的作者自会作出不同的选择。首先值得强调的是，本书书名顾名思义，关注的正是跨越国境的移民。主要原因是，较之内部移民，以国际移民为主题的研究和著述要多得多，其业已获得的政治与媒体的关注以及公众话语也多得多。同时也必须承认，内部移民在数量上远远多于国际移民，两者之间的界限也可能并不清晰。目前，学界对内部移民的关注还远远不够。正如我们将在本书最后一章所看到的那样，内部移民有可能会决定未来国际移民的势态。

我看待国际移民问题的整体方法有三个特点。首先，国际移民问题毕竟算是真正的全球性问题，因此我尽可能以全球视角对其加以考察。但是，由于缺乏世界某些区域移民方面的研究、信息与数据，以及自身知识的欠缺，这种方式会时时受限。其次，我也尽量使用了从自己的调查得来的“活生生”的例子——这也是力求使自己的视角以移民自身经历为基础的一种途径。为了弥补自己知识方面的欠缺，我也参考了该领域一些学者业已发表的一些研究结果。最后，我使本书在结构上围绕当今国际移民中，个人认为最受关注、最为相关的那些问题，而不是不分主次，比方说，按章节分别谈论世界主要地区的移民问题。对这些问题的论述应当言简意赅，因此，笔者在书末向读者诸君提供了其他的资料来源参考，以供各位获取详细信息及分析之用。

本章已经提出了“移民问题缘何重要”这个问题，下一章将提出“何为移民”。这一章将考察对国际移民所作出的各种各样的定义、国际移民的一般分类，并思考要作出实际评估为何如此困难。同时，该章将介绍有关国家政治及公民概念变迁的讨论。第三章讨论了移民与全球化之间的关系，试图对移民现象产生的原因提供结构层面上的解释。

此后各章分别关注了一系列重大的移民问题。第四章考察了发展问题与移民问题之间的关联。发展不足会促使移民产生，而移民反过来却又会促进其家乡的发展。第五章转而论述当今最受关注的移民问题，即非常规移民（特别要指出的是，该章主张，“非常规移民”这一说法较之“非法移民”更为可取）。该章涵盖了就人口贩卖和移民偷渡现象的专门讨论。同样广受关注且又经常与非常规移民相混淆的有难民和寻求庇护者，他们将是第六章的讨论重点。全球视角在这一章尤为重要。第七章关注的是移民对目的地社会的影响这一争论不休的问题。最后，第八章探明了会影响到国际移民未来的一些主要趋势。

第二章

何为移民

“何为移民？”这一问题的答案看似一清二楚:大多数国家采用联合国的定义，认为凡旅居国外至少一年的人就算移民。但实际上问题并没有这么简单。首先,“移民”这一概念将种种境况中形形色色的人都包罗其中。其次,要真正统计移民数量,确定他们在国外的时间也相当困难。再次,确定移民身份何时终止与确定移民身份何时获得同样重要。终止移民身份的方式一是重返故土,二是成为新国家的公民,而限定这种身份转变的程序则千差万别。最后,有人提出,由于全球化的影响,如今出现了具有新特点的“新型”移民,他们有时被称为跨国社区人员或流散人口。

移民的分类

移民的分类通常有三种方式。首先,常见的方式是区分“自愿”和“被迫”移民。后者指由于冲突、迫害,以及诸如干旱或饥荒等环境的原因,而被迫离开本国迁往他国的人。这些人通常被称为难民,尽管我们会在第六章看到,难民一词其实有其特定的含义,并不包括所有的被迫移民。据联合国难民事务高级专员公署的统计,全世界大约有九百万难民。如在第一章开篇之初我们知道，当今世界自愿离开祖国的移民要多得多——约一亿九千万人。

第二种相关的常用方式是区分出于政治原因和出于经济原因而迁移的人。前者通常指难民——他们由于政治迫害或冲突而被迫离开祖国。后者通常被称为劳动力移民，即为了找到工作，或寻求更好的工作机会和工作条件而迁移的人。这些人被进一步分为低技术移民和高技术移民。还有一些人介于经济移民和政治移民之间，他们之所以迁移主要是出于社会原因。这些人大多数是带着孩子的妇女，以家庭团聚的方式移民海外与在外工作的丈夫团聚。同时，值得一再说明的是，如今出于经济原因，独立移民的女性比例正不断增加。

最后一种方式是区分合法移民和“非法”移民——在第五章我们会了解，“非常规”一词可能更加准确，用来指移民时可能不像“非法”这个词那样带有贬义。“非常规”移民的概念包含的范围广泛，主要包括无证明文件或持伪造文件入境他国的人，或合法进入他国但在签证或工作许可证过期后仍然逗留的移民。下文将会说明，要精确计算全球非常规移民的数量或许不太可能，但可以确定的是，合法移民远远多于非常规移民。

高技术移民

现在，主要出于经济原因而移民他国的人越来越多，他们被算作高技术移民。各种有选择性的签证制度会根据申请人的教育背景和资历打分，这往往使他们的移民过程更加便利。高技术移民中特别的是公司内部调动人员——那些在同一公司里跨国迁移的人。全球范围内，跨国迁移的学生人数也很可观，他们也常常被算作高技术移民。

分类总是把事实简单化，上述移民分类至少在三个方面也是如此。第一，不同类别间有相互重合之处。这样一来，多数自愿移民同样也是经济移民，而许多被迫移民则同时也是政治移民或难民。

第二，各类移民间的显著区别在现实中常常比较模糊。比如，完全自愿或不自愿的移民少之又少。在很多大公司看来，让员工在世界各地来回调动不过是培训的一部分。因此，员工在公司内部调动，比如说在 IBM 公司从纽约调到东京，看似自愿，实际上则是为了保住这份工作而别无选择。对被迫移民来说，即便是难民，除了离开祖国也并非就别无选择。比如他们可以冒险留下来尽量避免被卷入冲突，可以在国内迁移，搬到临近的村庄或城镇，也可以在冲突中支持某方，得到保护。

经济移民和政治移民之间的差异同样比较模糊。想想人们因失业而离开本国的情况，表面看来，他们是出于经济原因而移民他国，但如果他们之所以失业是由于种族、宗教或性别方面的原因，我们又当如何看待呢？在这种情况下，他们又会被看作是出于政治原因而远走他乡。在此，区分移民的深层原因和移民的直接原因是分析问题时所面临的一大难题。

第三，相关的一点是，在各种类别之间，人们完全可以从一类移民“转变”为另一类移民。合法移民如在工作许可证到期后仍然滞留，便会被归入非常规移民。2005 年，据官方估计，仅澳大利亚就有五万签证过期的留居者。还有一种情况是，移民在离开祖国时出于自愿，但之后由于战争的爆发或政府的更替而无法回国，这样一来，他实际上就成为了非自愿移民，迫不得已只能待在国外。

统计数字意味着什么

“何为移民”这个问题之所以如此难以回答的另外一个原因是，清点移民实在不易。且让我们费些篇章，以英国的情况为例来说明这一点。

关于英国移民的统计数字需要给出三种评述。首先，即使是官方的移民统计数据也无法全景呈现英国的国际移民的状况。说白了，即使是政府也没多少把握去声明每年有多少人进入或离开本国。最显而易见的原因就是，官方统计数据未能包括非常规移民。英国非常规移民的统计数据简直就是靠猜测得来的。第五章将详细讨论非常规移民的统计问题。

第二，政府真正记录下来的移民统计数据很值得怀疑。大多数公布于众的进出英国的移民统计数据都是以国际旅客调查（IPS）为依据的。这只是一个在海上和机场进行的、人数约两千二百人的小型抽样调查。旅客们会就逗留英国的意图（如果是离境则需说明待在国外的意图）接受采访。已经在国外或英国居住至少一年、有意留居英国或离开英国至少一年的都被算作移民。问题之一就是覆盖面：接受了采访的只是极小一部分人而结果却被放大了。另外一个问题是，人们的想法常常是会变的，他们是去是留，待上多久都说不准。IPS 的数字需要调整，以尽可能考虑到这些问题。

英国有关移民流动的数据有两个来源。由颁发的工作许可证可以估计入境工作者的数量，但这只对欧洲经济区（EEA）之外的劳动力有效，因为 EEA 成员国的公民无须工作许可证即可入境工作。寻求庇护者的统计数据显示的是在英国申请庇护者的数量，但在解读时需要特别注意，因为靠寻求庇护者照顾的家人(配偶和子女)有时算入总数有时又不算。要计算入境英国的移民人数,可供选择的指标还有劳动力调查,该项调查记录的是一年前的国籍情况和住址,但也是仅就某些家庭所做的抽样调查。全国性的人口普查也记录一年前的住址但并不记录国籍情况(只记录出生国),而且每十年才进行一次。

最后一条评述是,移民统计数据呈现的方式不同,其传达的信息也会不同,当然,任何统计都是如此。2002 年入境英国的寻求庇护者约有十万人。这个数字可以从非常负面的角度来看待——比西欧任何一个国家接受的寻求庇护者人数都多,每年入境人数等于像剑桥这样的一个小城的人口总和。这个数字也可以同每年入境英国的移民总数作一比较,一比之下,事实上寻求庇护者只占相对较小的一部分。

如果连英国这样一个小小的岛国,全球最发达的经济区域之一都存在上述问题,想想看其他地方统计移民会有多么困难,比如那些缺乏必要的技能或专业能力以监控自己边境的穷国、那些陆上国境线较长的国家,或者一些会有突发性大规模迁徙的地区。

返乡移民

重归故里是终止移民身份的一种方式——尽管即使是返乡之后人们往往还是保留了其在国外形成的新的做事方式和身份特征的痕迹。多数专家相信返乡移民规模巨大,但却缺乏全球性的估算。

返乡移民的数据也存在不少国际移民数据特有的、更为普遍的一些问题。共同问题包括:移民的时间难以衡量,居所变更记录难保一致,有关公民的定义缺乏共识。

一个特别的问题是，返乡移民的统计不管是在来源国还是在侨居国，传统上都不是首要问题，双方都不会像对待本国国民迁出或非本国国民迁入一样去看待返乡移民。而即便侨居国和来源国真的记录了同一回流活动，其估算也会大有出入。拉赛尔·金在其撰写的一篇开拓性的文章中援引了这样一个典型的例子：二十世纪七十年代德国关于返意人数的数据起码是意大利关于自德归来的返乡移民统计数据的两倍。导致这种不一致的部分原因可以从近些时候波兰的例子中一探究竟。二十世纪九十年代，波兰返乡移民数目巨大但却并未算入官方统计，这只是因为他们在二十世纪八十年代离开波兰时大多没有登记为移民。与之相似，土耳其还没有一家记录有关出境移民或返乡劳动者数据的机构——就返乡移民所做的估算完全依据侨居国收集的数据。

近期具有特殊影响的要数前苏联及中欧、东欧政治巨变之后“少数民族国民”的返乡。二十世纪九十年代来自前苏联的返乡移民最值得注意。返乡移民中有：1990 年到 1995 年之间五百四十万俄罗斯族人（从位于波罗的海和中亚的前苏联各联邦共和国返回俄罗斯）；1992 年二十九万乌克兰人；到 1996 年 4 月，二十四万鞑靼人移民到克里米亚，其中一万人有拉脱维亚血统；1990 年到 1996 年一万五千名芬兰人；1987 年到 1994 年两百万日耳曼族人（Aussiedler[①]）及 1996 年六千名本都希腊人[②]。

从移民到公民

终止移民身份的另外一种方式是由移民成为新国家的公

① 德语，指被迫迁移的人。——编注

② 一般指来自黑海海岸的希腊人。——编注

民。这在有些国家比较简单快捷;在其他国家,只有极少数人被精挑细选成为公民,其他人则几乎毫无可能。这种差异与其说是跟移民本人的情况有关,还不如说是跟有关国家的历史、意识形态和结构有关。

有关公民身份和国籍的法律有两条可资参考的原则。一条是 ius sanguinis(血缘原则),依据这一原则,要成为一国公民就需要是该国国民的后代。另一条原则被称作 ius solis(出生地原则),以在该国国境内出生为依据。

实际上,尽管各有侧重(表2.1),所有现代国家的国籍制度都综合了这两条原则(以色列除外)。举例来说,在 2000 年政策更张之前,德国曾广泛遵循ius sanguinis,亦即血缘原则。正是因为这个原因,战后土耳其移民的子孙尽管在德国出生并在那里成长,但在传统上还是被排除在德国公民之外。同样这也可以解释,为什么在德国统一期间,那些家人已经好几代未在德国居住而主要是居于东欧或前苏联的人,自动就被给予了德国国籍。与此不同,诸如澳大利亚、加拿大、英国及美国的一些国家遵循的是 ius solis 原则,亦即出生地原则,因此合法移民在所在国生的子女便会自动成为该国公民。不管公民身份的获得遵循什么样的原则,大多数国家都准许移民在该国合法居住若干年后成为正式公民:这就是所谓 ius domicile,即住所原则。具体年限差别很大,在澳大利亚及加拿大只需三年,而在奥地利及德国则需十年。

不仅各国的国籍制度各不相同,其国籍标准也互有差异。比方说,有些国家允许双重国籍,因此并不认为某个移民为了成为另外一个国家的公民就舍弃了其原有的国籍。在有些国家情况则并非如此。正如我们将在下一部分看到的,双重乃至三重国籍的增加成为了一些移民社会出现跨国主义的一个原因。

此外，在有些国家，完全的公民身份只可能以文化上的同化为代价而获得，而有些国家则让新公民保留他们别具特色的文化特征。这两种不同的表现源于两种互相角力的融合模式。同化这种模式是一个单方面的过程，移民被认为应当放弃他们独具特色的语言、文化及社会特征，从而混同于主体人口。法国广泛地采取了这种模式。另外一种主要的模式是多元文化主义，指的是移民人口发展为民族社区，在语言、文化及社会行为等方面保持与主体人口的不同。澳大利亚、加拿大、荷兰、英国以及美国均以不同方式采用了这种模式。

表 2.1 部分国家国籍制度一览

国别	授予国籍所依据的原则	取得国籍所需的居住年限	是否允许双重国籍
澳大利亚	综合	三年	是
奥地利	血缘原则	十年	否
比利时	综合	五年	是
加拿大	出生地原则	三年	是
法国	血缘原则	五年	是
德国	血缘原则(至2000年)	十年	否
以色列	对任何犹太居民开放	无年限规定	是
荷兰	血缘原则	五年	是
瑞典	血缘原则	五年	否
英国	综合	五年	是
美国	出生地原则	五年	是

移民、流散人口及跨国社区

或许，移民自身的认同感与正式机构或侨居社会界定移民的方式同等重要。近几年围绕这一话题的著述极多，对两个概念尤其关注：跨国主义和流散人口。两个概念均复杂且有争议，此处将以尽可能简单的措辞来对其下一定义。

什么是融合？

融合可以简单地定义为移民作为个体和群体被社会接纳的过程。国际移民全球委员会（GCIM）认为，融合是"一个长期的、多方面的过程，需要移民，同时也需要社会中的非移民成员相互尊重、相互适应，从而使双方能够积极和平地共处"（《相互关联的世界中的移民问题》（GCIM，2005，44）。

流散一词有其传统内涵，一般被用来指公元前586年第二圣殿被毁之后犹太人的大流亡。[①] 这一概念在近来重获新生之前，也曾经常被用来指非洲奴隶以及逃离一战期间及战后奥斯曼帝国屠杀的亚美尼亚人。这些经历的相同之处在于，它们都是大规模迫不得已的迁徙，有重返家园的强烈愿望却又无力实现。

这种种特征在较近几次移民活动中得到了不同程度的确认，而流散这一概念也被重新使用。理论家加布里埃尔·谢菲尔在《国际政治中的现代流散现象》（1986）中说道："现代流散人口是指源自移民的少数民族群体，其衣食住行均在侨居国但又

① 公元前586年，犹太王国被新巴比伦王国国王尼布甲尼撒二世所灭。此时被毁的应是第一圣殿，而非第二圣殿。原文似有误。——编注

与其来源国——他们的祖国——保持着强烈的情感和物质联系(第三页)。”有些批评家认为这个概念在使用上如今已经变得过分灵活,几乎用于任何情况下的任何移民群体。比如,在第四章中我们会看到,这一概念常常被用于指称任何为来源国的发展作出物质贡献的移民。

“新”非洲流散人口

考虑到非洲奴隶曾是传统上被用到大流散这个概念的少数几个群体之一,如今这个概念又被较近时期的非洲移民用来描述自己及其组织,这实在是很有意思。在对伦敦不同的非洲人社区进行的调查当中,我所提的问题之一就是他们为什么使用那个字眼。原因有三:一是,这些社区感觉,跟这个词相关的负面意思不像“外来移民”、“难民”或者“寻求庇护者”那么多。或许,由于长期与犹太人和非洲奴隶的散居有关,这个词尚未变成贬义。二是,至少对于某些社区来说,这个词有些“自励”的意思。像“全球化”一样,“流散”正在成为“时髦用语”,而对于有些社区来说,这个词似乎有它们深望与之产生关联的内涵。最后,至少对于某些社区成员而言,该词还有一层意思,即他们的经历在某种程度上可以跟最初的大流散相比,因为他们也是受害者,就像那些被驱逐的犹太人和非洲奴隶一样。

还有一个相关概念就是“跨国社区”。简言之,这个概念指的就是那些已经开始生活于不同国家“之间”的移民。他们跨越国境,与来源国的人民和地区有着持久的联系。根据移民问题方面的杰出专家亚历山德罗·波茨的观点 [《国际移民观察》,31(1997)],跨国社区由移民所创立的致密网络构成，此举是为了改变经济状况，获得社会认可，跨越政治边境。通过这些网络，越来越多的人具备了过双重生活的能力。这样的移民往往双语皆通，能够自如地在两种文化间穿梭，他们经常会兼顾两个家庭，并为了使自己能被两个国家都接纳而寻求经济、政治和文化权益。

（812）

顾名思义，这些人已逐渐不再受到移民或国籍这类政治定义的限制。全球杰出的移民问题学者斯蒂芬·卡斯尔斯对于跨国主义国籍的隐含意味有如下看法［《亚太地区的移民问题》（爱德华·埃尔加出版社，2003），R.艾尔代尔等编］：

跨国主义将不可避免地引起多重国籍的快速增加，从而产生民族主义者所惧怕的现象，即以规章制度而非情感为基础的公民对国家的忠诚是不完整的。跨国主义的成长长期看来会使人们重新审视国籍的内涵。

（19）

第三章

移民与全球化

国际移民问题是全球化问题的一个重要方面，在全球经济和社会结构的变化中，它已经日益成为重要的组成部分。正如影响到世界上许多发展中国家的全球工作危机一样，发展、人口以及民主等方面日渐加剧的不均衡状况为迁移提供了有力的动机。富国的劳动力市场细分加大了对移民劳动力的需求。对于潜在移民来说，通讯领域的革命使他们更加清楚地看到了各种不均衡的状况，同时也看到了机遇，而交通方面的发展也使迁移更为便宜和便利。移民网络迅速扩大，从而使移民越发便捷。新的个人权益让有些人出国并留居海外变得更加容易。移民产业的壮大更是助长了国际移民的发展势头，即便是在那些未经官方允许的地方，情况也是如此。总之，本章将说明，为何移民的原因及方式较以往都已大大增加。

不均衡的加剧

发展是一个难以衡量的概念。联合国发展计划（UNDP）已经出台了一个广为采用的人类发展指数（HDI）。该指数综合收入、健康及教育三个方面对各国进行了排序。根据2005 年的报告，尽管所有发达国家及大多数发展中国家的HDI 均有上升，但最为贫穷的一些国家还是出现了前所未有的倒退。十八个国家 2005 年记录的 HDI 都低于其 1980 年的记录，其中十二个国家是在撒哈拉沙漠以南的非洲。这些国家人民的生活状况在恶化，与世界上其他国家的差距也日渐加大。

什么是全球化

全球化是一个复杂而又富有争议的概念。全球化问题的杰出理论家戴维·赫尔德给出了这样的定义："全球化可以被看作是一个进程（或一系列的进程），在这个进程中，社会关系和交易的空间组织结构在广度、深度、速度以及影响等各方面都发生着转变，还导致了各种跨洲或跨地域的活动、交往以及权力行使网络的形成"[《全球性变革》（政体出版社，1999），2]。这种种进程业已引起了货物、思想、信息和资本的跨境流动，同时不少评论家也认为，全球化也增加了人口的跨境流动。

事实上，UNDP 提供的有些统计数据非常令人沮丧。全球约有五亿五千万在业人员每天还挣不到一美元。全球范围内，有八亿五千万人，包括三分之一学龄前儿童都营养不良。超过十亿人缺乏安全的饮水条件，二十六亿人没有足够的卫生条件。全球约一亿一千五百万儿童缺乏最基本的基础教育——大多是在撒哈拉沙漠以南的非洲和南亚。在非洲和阿拉伯国家，女孩所接受的教育平均比男孩少一年，而在南亚则是两年。在整个发展中国家，仅有百分之五十八的女性不是文盲，而男性则有百分之六十八不是文盲。

发展不足又因为日益加大的人口压力而雪上加霜。近五十亿人，即全球人口的百分之八十，目前生活在贫穷或者最多是中等收入的国家。全球许多富裕国家的人口持续减少,而许多贫穷国家的人口却在不断增加:当前,几乎全世界所有的人口增长都发生在发展中国家。目前,每位非洲女性平均生5.2 个孩子,而每位欧洲女性平均只生 1.4 个。这种趋势意味着发展中国家所要养活的世界人口比重仍将进一步加大。发展中国家如此高的出生率也使其年轻人的比例远远大于发达国家。

许多贫穷国家同时也是民主进程脆弱、法治无力、腐败盛行的国家,这倒绝非巧合。人们试图通过移民来保护自己还有家人免受经济不景气、市场不稳定的影响,并借此远离政治危机、武装冲突以及其他风险。在有些情况下,由于政府已经无法保护他们免受冲突的影响或是免遭迫害,人们被迫以难民的身份逃离本国。最糟糕的是,有些政府本身就是这些侵害的罪魁祸首。

但是需要强调的是, 导致移民的并不一定就是发展不足、人口过多或者统治不善本身,而更应该是世界各地的差别。人均国内生产总值是使用最广的、表示国民收入的经济指标,发达国家的人均国内生产总值比发展中国家的高六十六倍。目前,出生于布基纳法索的儿童比出生于日本的儿童会少活三十五年,而出生于印度的人比出生于美国的人要少活十四年。穷国的学校教育有限,文盲比例高,而富国的学校教育几乎完全普及,也几乎没有文盲。此外,最腐败、最不民主的政府几乎无一例外分布在最贫穷的国家。

全球工作危机

移民最强烈的动机之一就是找工作。虽然存在一些明显差异,但总体说来,近些年来发达国家的失业率有所下降。与此相反，大多数发展中国家的失业率要么是有所上升，要么就是居高不下。在全球主要地区，最高的失业率出现在中东和北非，达到百分之十二以上，而工业化经济区域的失业率仅有百分之六左右。

失业并不是当下全球工作危机的唯一一个方面。许多人都没有充分就业。通常这些人在一些非正式行业工作，就业形势难以预料。机会说来就来，说走就走，常是按季节变化，有时则是按周甚至是按天变化，而工作条件也可能极为恶劣。即便受雇佣，所得工资也往往不足以维持生计。按照 UNDP 的估计，尽管贫穷问题可能会得到缓解，但在可以预见的将来，这一问题将依然比较严峻，2015 年约有三亿八千万人仍将以每天不到一美元的收入勉强维持生计。全球工作危机的另外一个方面是，据国际劳工组织（ILO）估计，现在有一千二百万人处于强迫劳动的工作状况当中。

在发展中国家，依赖农业作为收入来源的人群压力尤其巨大。他们约占整个劳动力的一半，即十三亿人左右。不少人拥有小农场，却因商业扩张和环境恶化而受到威胁。由于政治地位低下，他们需要缴纳的税金也高得离谱。近些年来，发展中国家农业与非农活动之间的收入差距已经急剧扩大。结果之一就是，随着农民及其家庭成员为了追求更好的生活涌向城市，由乡村转入城市的移民明显增加。对其中很多人来说，涌向城市的这种内部移民只是走出国门成为国际移民的第一步。

劳动力市场的细分

劳动力市场的细分日渐成为高收入经济区域的一大特色。劳动力市场的某些部门工资行业水平低、安全保障状况差、社

图 3 美国北卡罗来纳州在农场劳作的无证移民劳工

会地位不高，本国劳动者对其避而远之，移民工人于是就占据了主导地位。这些工作常被称为“3D 活儿”——指的就是那些脏（dirty）、险（dangerous）、难（difficult），甚或三者皆备的活儿。这些工作集中在诸如农业、伐木业、种植业、重工业、建筑业及家政服务之类的行业。调查表明，即便在经济低迷时期，本国劳动者也不愿意干这些活儿，因此不论经济发展如何，这些行业对移民工人总有持续需求。

通常从事这类工作的移民不是没有证明文件就是没有正常地位，他们比别人更愿意做这些工资很低、条件又不安全的工作。在美国通常是墨西哥的非常规移民在从事农业劳动，在俄罗斯使重工业得以正常运转的也是非常规移民，而在英国及其他一些欧洲国家，建筑行业、食品行业还有许多服务行业也都得依赖非常规移民。如果你昨天晚上买的比萨饼价格低廉，令人欣喜，那很可能是因为做饼的师傅没有正常的移民身份，挣的钱低于最低工资。对雇主而言，非常规移民雇佣起来既灵活又便宜，而移民本人则经常遭受剥削和虐待。

通讯及交通革命

通讯革命是全球化进程的核心因素。很多有关全球化问题的学术文献都集中关注了近些年爆炸式发展的高新技术，如电子邮件和互联网、电子公告牌和卫星电视台，还有手机和廉价的国际电话。比如，据估计 1990 年到 2000 年之间全球电话线路从七亿条增加到二十五亿条，而互联网用户的人数则从不到一百万发展到超过十亿。这种革命使全球互通性进一步增强并在实质上缩短了世界各地之间的距离。说它与移民问题有关有两个原因：一，它使人们意识到了差别，知道了世界上其他地区的生活是什么样子；二，它使人们看到了迁徙并在国外工作的机会。

非洲的手机革命

据估计，全球现有二十四亿手机用户，且每分钟还会产生一千名新客户。发展中国家的手机用户占到百分之五十九，使手机成为历史上第一种发展中国家的使用人数超过发达国家的通讯技术。手机用户在非洲的增长比其他任何地方都快，从两年前的六千三百万跃增为今天的一亿五千两百万。仅刚果民主共和国一国的手机用户就有三百二十万，且每天还有八千新用户注册入网，而该国的传统陆线只有两万条。

图 4 印度班加罗尔一家网吧旁边坐着的一位无家可归者

同时，通讯革命也有可能被夸大。严峻的全球“数字鸿沟”依然存在，数字鸿沟指的是穷国与富国在享用信息资源方面的差距。这一点在联合国秘书长科菲·安南2000年的一次讲话中表现得最为突出，他说，“全世界有一半人至今还没有打过或接过电话”，但是这个数据之后一直备受争议。尽管如此，人们仍然认为跨越数字鸿沟对于实现全球平等、加大社会流动性、促进民主及发展经济都很重要。

全球化文献中另外一个时常提到的“革命”是在交通领域。这种“革命”一方面指的是国际旅行的选择范围扩大，另一方面则是指费用降低。这主要是由航空公司之间竞争的扩大引发的。要再次说明的是，如果据此认为这项革命已经遍及全球那就错了，不过不管怎么说，现在只需花费两千五百美元就可以合法地在全球任意两地间旅行。在第五章我们会看到，尽管非法旅行的花费要高出很多，但也不是没有可能。如果说通讯革命使许多潜在移民认识到了移民的必要，那么交通革命则令移民更为切实可行。不过，还是得说，对这种影响的重要性也不可高估：对于世界上大多数人来说，国际旅行仍然贵得令人望而却步，而且还有不少人在获取护照及签证等方面面临管理上的障碍。

移民网络

大部分移民都是迁移到有自己朋友或家人扎根的国家，从而形成通常所说的跨国移民网络。有这么一种看法，即当今移民增长的主要原因之一就是这些可使自身周而复始、长存不衰的移民网络。移民扩张意味着朋友或家人中移居国外的人越来越多，而移民地理分布的变化则意味着穷国的潜在移民与富国的潜在目的地之间的联系更为频繁。

移民网络促进移民的方式主要有三种：一，提供信息，通常是借助上述的通讯新技术；二，通过向潜在移民借款为其提供旅途费用；三，通过向新移民提供落脚的住所，帮助他们找工作以及提供其他经济及社会帮助，移民网络在帮助新移民安身立命方面起到了关键作用。

调查显示，移民网络各有特色、差别明显，这取决于当地的移民历史、国家状况以及移民的社会文化特点。不管怎样，关于移民网络的一个普遍而且重要的评述是，它们将不大受目的地国的经济繁荣水平的影响而继续运作。同时，调查也表明，要用政策来干预以移民网络为依托的移民的发展势头并不容易。

新权益

较之以前，有些人可以更加容易地跨越边境，留居异国，他们的这种权益如今已经明显地得到了扩大。比如，欧盟（EU）内部边境的开放使欧盟成员国的公民可以在该地区自由迁徙，同时北美自由贸易协定（NAFTA）以及世界上其他地区（包括非洲和南美）的一些地区性经济协定也包含一些能使劳动者自由迁徙的条款。此外，诸如商人、学者、学生、运动员及演艺人员等人士通常并不需要签证，或者即便需要，程序上也有快捷途径可走。比起以前，越来越多的国家允许长期移民工人的直系亲属与他们团聚。而且，世界上大部分国家都已经签署了 1951 年在联合国会议上通过的《关于难民地位的公约》，我们将在第六章看到，该公约保证身处异国的难民能够得到保护和帮助。

不过，这些新权益波及的范围也可能会被夸大。欧盟之外的大部分地区性经济协议都未能实现劳动力的自由迁徙。在美国，安全方面的忧虑影响到了移民政策，以致“9·11”以来签发给专业技术人员及专家这样的外来移民的 H1-B 签证的数量缩减了一大半。申请家庭团聚的移民也面临越来越严格的行政程序。对于其他诸如专业技能低下以及寻求庇护之类的人员，流动性方面的限制也越来越多。

移民产业

移民因个人以及代理机构而变得便捷，如招募人、移民律师、旅行社、代理人、住所提供人、汇款代理、移民及海关官员等，还有各个移民机构也为移民提供了便利。这些机构包括，通常负责移民运输和为难民提供正式的重新定居或回国计划的国际移民组织（IOM），以及一些为移民提供帮助和居所的非政府组织（NGO）。有些分析家将其说成是一种新的移民“产业”或者移民“生意”，就像其他任何行当一样，目的就是为了赢得商业利益。第五章将会说明，移民产业也有其不合法的地方，包括人口贩卖和移民偷渡。

历史视角下的移民产业

移民产业并不算新，尽管其在规模和利润方面有新的特征。1977 年，写到十九世纪末自意大利迁往美国的移民活动时，历史学家罗伯特·哈尼造出了“移民商业”这个词，当时他写道：“很明显，官僚、公证人、律师、客栈老板、放高利贷的、乡村商人、港口城市的走私者、代理人甚至火车上的乘务员都有赖于移民交易”（《移民商业》，摘自《加拿大民族研究》，9:42）。若热·杜兰德也对移民招募者做过描述：他们将墨西哥中西部的劳动力与美国西南部需要这种劳动力的产业联系起来，十九世纪末在促进移民由该地区迁往美国的活动中扮演了突出的角色。

据说，移民产业从移民活动中所获取的巨大利益极大地推动了移民进程。同时，移民产业越来越复杂，组织性很强的集团与来源国、中转国及目的地国的小经营者和二级代理相互勾结，使旨在降低其影响的政策干预难有成效。

对移民问题所做的解释

本章简要说明了全球经济中一些关键的结构性变化，正是这些变化的共同作用为人们的移民提供了越来越多的动机和机遇。但是也应综合考虑到这一事实，即全球仅有百分之三的人口才算是国际移民。鉴于种种不平等的现象日益增多，在异国他乡过上好日子的机会也被越来越多的人看到，交通也越发方便快捷，我们理所应当地要问：为什么移民人数如此之少？

这一问题的部分答案已经间接提到过。那些最为贫穷的人受全球不平等状况的影响最大，根本就没钱迁徙。许多真正因为穷愁无计而背井离乡的也只是局限于国内，一般是从乡村到城市而不是迁往国外。对于贫穷国家的失业者或未充分就业者来说，工作机会远远不够，即便是在富裕经济区域那些细分了的劳动力市场上也是如此。通讯和交通革命并不像有些评论家认为的那样影响深远，移民网络也一样。迁徙的权益大体上也只属于少数有特权的人。移民产业依利而存，因此有心使移民费用居高不下。

从文献中至少还可以得出其他三个原因。最为重要的是惯性。大多数人安土重迁，不想离开自己的家人、朋友以及自己熟悉的文化，于是便留居自己的出生国。另外一个原因是，政府会控制移民。一些国家曾惯于阻止人民出境，但前苏联解体以及冷战结束之后，这种情况几乎不复存在。现在更为常见的是目的地国对移民的控制（尽管它们的努力并不总是有效）。还有一个原因是，随着国家的发展，投奔异国他乡的移民最终会减少。不管本章开篇之初的统计数据多么令人悲观，全球大多数国家还是在不断发展（尽管有时步履沉重而缓慢）。下章将转而讨论移民与发展之间的关系。

第四章

移民与发展

国际移民与发展问题的关联主要有两个方面。前一章讨论了一个方面，即发展的不均衡是如何成为移民的动机之一的。本章将考虑这一关系的反面，提出国际移民是如何影响来源国的发展这个问题。从积极的一面来看，移民向本土寄回大量的资金，同时也在国外对本国作出了其他方面的贡献，重返故土时他们又带回了新的技术、经验以及人脉。从消极的一面来看，正如第一章就说到的那样，移民会使国家本就不足的技术以“人才流失”的形式变得更为匮乏。

汇款

汇款一词通常是指海外移民寄回家乡的钱。几乎一切与移民相关的事情都很难准确量化，希望到现在读者诸君对这一点已经很清楚了，汇款当然也不例外。尽管有一部分钱是通过银行系统寄回，因此能够有案可查，但有可能更多的钱是通过非正式渠道寄回的。一个原因就是银行和代理通常收费较高（表4.1）。非正式汇款的一些渠道包括，移民本人探亲时带现金回家或者由其亲戚朋友代他们捎钱回家。有时一些定期往返于两地之间的商人会收取少量佣金替移民带钱回家——在古巴就是如此，这种商人被称为“慕赖斯(mulas)”。也许最精密的非正式的转账机制要数索马里的“哈维拉德(hawilaad)”系统。关键是这些非正式转账的规模让人无从知晓。此外，由于银行往往不愿或者无法公布个人转账的详细情况，就连正式转账也并不总能准确定量。

尽管有这些数据方面的问题，世界银行还是就全球范围的汇款情况提供了年度估算。据世界银行估算，2004 年移民寄回家的钱约有一千五百亿美元，而预测显示 2005 年这个数字将接近二千亿美元。这的确是数目惊人。这些数字之所以惊人也是因为它们代表了仅仅五年内汇款流量百分之五十的增长——全球化的影响是其主要原因。根据有些分析家的观点，就总值而言，正式汇款紧随石油之后，已经在全球所有合法商品(自然不包括大麻)的转移中位居第二。在发展中国家，移民

图 5 宣传索马里摩加迪沙一家国际资金转账公司的广告牌

汇款继企业投资之后成为最重要的外来资金，这些汇款几乎是通过发展援助和慈善事业所得捐献价值的三倍。此外有估计认为，非正式汇款的规模有可能是正式汇款的两倍。如果真是这样，那么每年的汇款总额可能会多达四千五百亿美元。

表 4.1 2004 年从美国汇款到某些国家所收取的平均费用

国别	占汇款金额的百分比
莫桑比克	1.0
土耳其	4.9
葡萄牙	5.0
厄瓜多尔	5.6
巴基斯坦	5.7
萨尔瓦多	6.0
哥伦比亚	6.2
秘鲁	6.5
希腊	7.1
印度	8.1
菲律宾	8.2
玻利维亚	8.4
多米尼克	8.4
墨西哥	9.2
委内瑞拉	10.5
埃及	13.8

来源：联合国经济与社会事务部，《世界经济和社会调查：国际移民》（纽约：联合国，2004）

"哈维拉德"系统

"哈维拉德"(hawilaad 或 xawilaad)系统的基础是索马里商人。他们从国外的索马里移民那里收集硬通货,然后用钱买进可以在索马里销售的商品。他们定期返回索马里,卖掉货物,将等值的索马里货币交给移民的家人。买卖赢利于是成为商人的佣金。这种系统在全球的索马里社区中非常普遍。"9·11"之后,该系统曾被试图监控或者关闭,因为有证据表明袭击的资金是经索马里提供的。然而,该系统很难纳入正轨,至今似乎仍然遍布各地。

2004年汇款接收国排名前三的是墨西哥(一百六十亿美元)、印度(九十九亿美元)和菲律宾(八十五亿美元)。不过,汇款作为GDP的一部分,比例最高的是在一些小国:约旦百分之二十三、莱索托百分之二十七、汤加百分之三十七。值得注意的是,与其他发展中地区相比,撒哈拉沙漠以南的非洲接收汇款的水平最低,只有全球总量的百分之一点五。2004年排名前三的汇款输出国有美国(二百八十亿美元)、沙特阿拉伯(一百五十亿美元)以及比利时、德国还有瑞士(各有八十亿美元)。

关于汇款对移民来源国的影响仍颇有争议。显然,直接接收汇款的人能够受益,他们往往是社会中最贫穷的人。汇款可以让人们摆脱贫困:以索马里兰地区为例,据估计,平均家庭收入因汇款而翻倍;在莱索托,汇款占农村家庭收入的比例高达百分之八十。汇款不仅使收入增加也使收入多样化了,也就是说家庭花销对单一收入来源的依赖变小了。这样一来,汇款也就提供了一种抵御风险的保障。此外,这些汇款通常都是用于子女教育和老人的医疗保健。

汇款、全球化及“3T”

汇款之所以在近几年里迅速增长，主要是因为全球化进程的影响。具体说来，全球化催生了所谓的“3T”，而这所谓的“3T”又推动了汇款的增长。第一个“T”是指运输（Transportation）——尤其是廉价的航空运输。第二个“T”是指旅游业（Tourism）——许多移民假期探亲时都带钱回家。第三个“T”是指电信（Telecommunications）——电话费用低廉，互联网使用日益普及，较之以前，移民能够和家人保持更加频繁的联系，朋友和家人要寻求帮助也变得更加方便。

直系亲属之外的人也可受惠于汇款，但到底能到什么程度则主要是看这笔钱如何使用。比如，要是用于做些小生意或者投资社区事业，如打井、建校、开诊所，那么这些汇款除了使直接拿到汇款的人受惠之外，也为其他人提供了就业机会和服务。另外一方面，如果这些汇款像惯常那样用于购买消费品，如汽车和电视机，或者用来还债，其益处就大打折扣了。另外，有些家庭有汇款可收，有些则没有，在这些地方邻里间的差距可能就会加大，社区的根基也会被削弱。同时也不应该忘记，移民往往来自来源国的几个特定区域，这就意味着他们的汇款也会增加地区间的不均衡。也有一些证据显示，这些汇款可能会付给蛇头来帮助移民的家庭成员以非常规的方式奔赴富国。

汇款近来已经吸引了大量的正面报道，不光是在媒体方面，在学界和政界也是如此，但是也应该敲敲警钟。首先，由于移民与家人分离，有时一走就是很长时间，他们的家人会面临不少困难，而这种困难并未得到足够的关注。寄钱回家并不能完全弥补无法与配偶厮守、守护孩子成长或是照顾老人的遗憾。

其次，移民寄钱回家所承受的社会压力也不可低估。移民有可能会失业、工作没保障或者工资很低，而家人却往往期望他们能寄大钱回来。有意思的是，调查显示，之所以出现这种情况，往往是因为移民在其从业和收入等方面误导了家人。如果你的父母为了让你去得起巴黎而变卖了家产，那么你想要让他们相信你住的是不错的套间、干的是有意思的工作而不是跟六个人合住一间房、干着扫大街的活儿甚或做了妓女，这也是可以理解的。

最后，接收汇款还会在来源国产生一种"移民文化"，年轻人由此看到了移民明显的回报，对移民海外寄予了不现实的期望。依赖汇款也会使有些留在国内的人完全失去工作的动力。

近些年从学术文献中而来的一个特别有意思的想法叫作"社会性汇款"，这跟佩吉·莱维特的调查关系尤为密切。它说的是人们不光是寄钱回家，还传递着新的思想、社会和文化习惯以及行为规范。它可以发生在家庭层面，比如在外工作的父亲或者母亲休假回家会给孩子教一些新的观念。这种情况也可以更为正式，如移民向来源国的媒体投稿。不过，当今最强有力的方式也许是通过互联网。尽管在第三章我们看到许多穷国使用互联网的便利还非常有限，但在这些国家诸如政客和记者之类的舆论制造者却经常使用互联网，因此会受到电子邮件活动或互联网聊天室讨论的影响。

汇款的压力

我采访了大概一百位 1999 年到 2001 年期间在英国、德国和美国的厄立特里亚移民和难民，当时他们的国家与邻邦埃塞俄比亚正处于战争状态。战争期间，他们有特别的压力要把钱寄回家，因为家乡许多年轻人都应征入伍，使家庭收入来源越发匮乏。柏林的一个厄立特里亚社区中心曾一度向那些寄钱回家支援祖国的人颁发证书对他们进行表彰。其中有一位因为最近失业，上月没能寄钱回家。作为唯一一位没能拿到证书听到掌声的人，他感到极度尴尬和羞愧，早早就离会而去，眼泪几乎都要流出来了。尽管这种情况并不多见，这件事还是突出表现了移民在汇款时所面临的压力，这种压力不仅来自家人也来自与他们同在外工作的同龄人。

流散人口

来自某一城市、地区或国家，在同一目的地国一起生活的大量移民通常会形成正式的组织。这些组织的形式多种多样，包括专业协会——比如将来自同一来源国、移民在外的医生、律师或教师拢到一起——也包括一些以共同兴趣，如运动、宗教、性别、慈善及发展等为基础的组织。另有一种组织叫作“老乡会（HTA）”，这种组织使来自同一城镇的人聚在一起，其活动的核心是促进家乡发展。正如第二章所提到的那样，流散这个“无所不包”的词经常被用来描述这些形形色色的移民组织。

老乡会

墨西哥的老乡会历史悠久——最具盛名的建立于二十世纪五十年代。如今在美国的三十个城市中墨西哥老乡会就有六百多个。他们支援家乡的公众事务，包括修建公共基础设施(如建新路、修旧路),捐献设备(如救护车和医疗设备)和促进教育发展(如设立奖学金、创办学校以及提供学校所需的物资)。

这些流散组织一般会向其成员募捐并将所得财物送回来源国用于特定目的。正如募捐箱上标明的,募捐的目的可以是为了持续发展,也可以是为了紧急援助。比如,在应对2005年巴基斯坦北部地震时,流散组织迅速集中起来往本国送去钱、医疗设备、帐篷和食物。

除了通过送钱送物来作出经济方面的贡献之外,流散组织也可以参与祖国和家乡的政治、社会及文化事务,其最明显的政治贡献就是通过投票在国外参与本国的全国性(有时是地方性)选举。在2000年美国极为势均力敌的大选中,乔治·W.布什最终险胜阿尔·戈尔,有些州的结果之所以扭转靠的就是居于海外的美国公民。据估计,厄立特里亚1993年独立公投时,百分之九十八的移民海外、有投票权的厄立特里亚人都参与了公投。在参政方式上,厄立特里亚人的流散组织也提供了一些可资参考的做法。比如,独立之后,厄立特里亚流散组织的代表被正式纳入负责起草国家宪法的委员会之中。

虽然流散组织对社会和文化生活的贡献更难衡量,但其影响却同等重要。索马里兰地区堪称范例。索马里流散组织支付了哈尔格萨大学和博拉马的阿姆德大学的大部分建设费用。另外,海外的索马里学界人士还在定期返乡休假时到大学授课并培养年轻的索马里大学教师。随着技术不断创新,流散组织成员不用亲身回国也可以照样作贡献,比如通过互联网培训计划以及电视会议。有时候这被称为"虚拟返乡"。

全球越来越多的国家开始意识到流散组织的潜在贡献并正在努力动员流散人口进一步多作贡献。这种情况也可以以很正式的方式进行——墨西哥有专门负责与海外墨西哥人关系的内阁部长；也可以不那么正式，比如通过派遣代表向不同目的地国的流散组织做宣传。

正如对汇款问题应当有所保留，对流散组织的潜在贡献也应如此。原因之一就是，流散人口固然可以为发展添砖加瓦，但也可能为战争火上浇油。埃塞俄比亚人和厄立特里亚人的流散组织的确为两国之间的冲突提供了资金来源。另外，流散组织经常是由某个宗教或民族团体把持，因此所捐献的财物往往用于特定群体，从而加剧了不均衡的状况。与此相关的一点是，流散组织通常由受过教育的精英构成，这从他们的捐献情况就可以看得出来。比如说，创建大学可能就无法使穷苦的农民直接受益。

返乡

除了汇款回家及发动流散组织集体捐献，移民还有第三种途径可以潜在地促进发展，这就是返乡。移民返乡时从国外带回积蓄在家乡投资，常常会开办一些小企业。返乡之后，他们在国外仍有很好的关系网作为小规模贸易和进出口业务的基础。前面已经提到过，移民返乡也会将能够催生创业精神、促进创业活动的新观念带回乡里。

还是得提醒一下，返乡的影响也不可夸大。有些人返乡只不过是因为在外面干得不成功——回到家来既无积蓄又没新的经验，只能重操旧业。在外耗去了年轻能干的岁月，移民们重返故土多是为了休养。尽管他们回家时会带着积蓄带着经验，但返乡时自身在经济方面却并不活跃。另外移民返乡的影响究竟能到什么程度取决于国内的状况。假如无法获得土地，赋税又太高，有技术的劳动力还不足，好心好意想要开办小企业的返乡移民很容易会因此受挫，他们的计划也便随之破灭。

第一章和第二章曾经提到过，有些移民返乡待一小段时间然后又离家去继续他的移民生涯，似乎这种“循环移民”势头见长。在这种短期返乡的行为是否也能有助发展的问题上有一些争议，尤其是在决策层。对海湾国家的印度移民所作的有限调查表明，他们的探亲活动的确能够直接促进当地的经济发展。原因之一就是，短期返乡的移民往往会炫耀（他们在朋友和家人身上大把花钱，还会有些颇为招摇的消费）、购买礼物以及吃吃喝喝。

人才流失

如果国内失业问题严重，出境移民便因为减少了活少人多造成的竞争压力而具有积极意义。这就是菲律宾政府积极鼓励出境移民的一个原因。另外一个原因，当然了，是因为他们会寄钱回家。

然而，移民也是有倾向性的，出去的往往是社会中那些最具创业精神、受教育程度最高又最聪明的人。如果他们的技术在本国并不匮乏，这倒也不成问题。比方说在印度，即便大量的电脑专家和技术工人出境也不足为患，因为现在印度的很多年轻人都有这些技术。更常见的是，这种流动使本就缺乏这些技术的国家雪上加霜。这种过程通常被称作“人才流失”。除了丧失技术，人才流失还意味着这类国家将看不到在教育和培训国民上所作投资的任何回报。

人才流失是一个全球现象。有些忧虑多年以来一直未得到缓解，比如欧洲最优秀的科学家仍在奔赴北美，那里的工资更高，研究经费更宽裕，设备也更先进。

不过，这一过程在一些比较贫穷的国家已经引起了相当关注。从撒哈拉沙漠以南的非洲诸国移民的医疗人员，也就是医生和护士，尤其成为关注的焦点。有些数字令人震惊。比如，自2000年起，仅在英国一国注册工作的、来自撒哈拉沙漠以南非洲的护士就有将近一万六千名。赞比亚独立以来接受过培训的医生中，六百人里只有五十人仍留在当地行医。据估计，当前在英国曼彻斯特市工作的马拉维医生的人数超过马拉维全国的医生总数。回顾一下上一章提供的一些数据——那些穷国在婴儿死亡率和患病率方面的数据——才能理解为什么医生的缺位会对这些国家的发展有如此的负面影响。

尽管对于非洲师资方面的关注程度不及上述问题，但这方面人才流失的忧虑也同样值得一提。需要再次提到的是，上一章就入学率和文盲情况的评述可以说明这个问题何以如此令人担忧。

对于人才流失的反应各不相同。可以说，人才流失反映了人们背井离乡，以求改善生活并发挥自己的潜力，这并没有什么错。此外，如果他们自己的国家无法保证充分就业，无法提供工作机会和留守本国的鼓励措施，那就是那些国家自身的问题了。另外一方面，富裕的技术移民接收国也受到了批评，特别是那些积极招募技术人才的富国。有些国家被指责搜罗全球，像摘樱桃一样使那些最优秀的人才尽入彀中，而对其他人则置之不理。有些评论家认为，富国应当针对穷国技术人员的流失对其加以补偿。选择之一就是采取更加合乎道德准则的招募方式，避免从那些本来技术就特别不足的行业及国家选取人员。正如我在第八章要讲到的，长远看来，移民定期在外工作一段时间后返回来源国的暂时性移民计划不失为更具持续性的应对挑战之策。

第五章

非常规移民

以非常规方式离开本国的移民与其他移民有着完全相同的动机。以非常规方式而非合法方式移民的人数量之所以增长,大多是因为针对合法移民活动的限制越来越多,这种限制主要是来自那些目的地国。想要移民的人数量空前,但相对而言,能让他们如愿以偿的机会却并不多。我们将在本章看到,围绕着人们不顾法律限制也要移民的愿望,一个数十亿美元的产业发展了起来,其形式为人口贩卖和移民偷渡。

何为非常规移民

读者诸君现在应当已经发现我选用的是“非常规”移民及“非常规”移民活动这些字眼,有意避免使用更为普遍的“非法”一词。对“非法”一词最强有力的批评就是,把人说成是“非法”就否认了人之所以为人的特性:人不可能是非法的。移民也是人,不管法律地位如何都享有应有的权利,而这一点却很容易被忘记。另外一条批评是,“非法”一词带有犯罪活动的意味。大多数非常规移民并非罪犯,尽管就定义而言,其中多数还是违反了管理法规。

本章中时常用到的另有两词,即“无证明文件”和“未经批

图 6　墨西哥蒂华纳美国边境隔离墙外的移民

准”。在此，不用前者是因为该词含糊不清。该词有时被用来指那些没有记录在册（或未登记）的移民，而有时又被用来指那些没有所需文件（如护照或工作许可证）的移民。再有就是，两种情况都并不一定适用于所有的非常规移民——很多人官方并不是不知道，也有很多人还是有所需文件的，但“无证明文件”一词还是将他们全都囊括了进去。同样，并非所有的非常规移民都“未经批准”，因此这个词的使用也往往不够准确。非常规移民这个词有点蹩脚，但我认为，在可供选择的常用词中它当为首选。

非常规移民本身就是一个复杂而又内涵丰富的概念，需要仔细弄清楚。首先，应当认识到移民变成“非常规”移民的方式多种多样。未经所需批准、未经边境检查或以伪造文件入境他国的人都属于非常规移民。非常规移民也包括入境完全合法，但随后便不顾限期逾期滞留的人，比如签证或工作许可证到期后仍然滞留,或者通过假结婚、假收养、假的学生身份或者假自主经营者的身份等方式滞留的人。该词也包括由蛇头或贩卖人口者组织迁移的人以及那些蓄意滥用庇护体制的人。

何为非常规移民

2001年,在英国多佛港一辆卡车后厢中发现了五十八名中国人的尸体。在英国广播公司(BBC)一条不超过一分钟的报道中,他们被说成是"非法移民"和"经济移民"。唯一确定的是,这些人是非法进入英国的,未接受边境官方检查——因此,比起"非法"一词,或许"非常规"的说法更为可取。在第二章我们看到,经济移民是离开祖国寻求工作的人。很不幸,他们均已死亡,没有人知道他们为何离开中国。也许是为了工作,也许是为了逃离。然而即便是为了后者,由于没有一个人递交庇护申请,所以严格说来,他们都不是寻求庇护者;而且可以肯定的是,他们都没有获得难民身份。

第二,非常规移民这个概念在使用方式上带有很大的地区差异。比如说在欧洲,由欧盟(EU)以外入境的人员受到严密检查,这样一来,要定义和甄别具有非常规身份的移民就相对简单一些。在非洲很多地方情况并非如此,那里的边境漏洞百出,种族群体和语族群体常常跨越国界,有些人属于游牧社区,很多人无法提供自己的出生地证明或国籍证明。

最后一个麻烦在于,正如我们在第二章谈到的那样,移民的身份是会变化的,而且常常真的是发生在一夜之间。移民以非常规的方式进入一个国家,但随即使自己的身份常规化,如通过申请庇护或加入一项常规化计划。相反,正常入境的移民在其未持工作许可证工作或签证到期仍然滞留时也会成为非常规移民。比如，澳大利亚有大量非常规移民都是英国公民——往往是那些签证到期仍不离开，享受“空档年”[1]的学生。寻求庇护者在申请不获准而又未经许可继续滞留时也会成为非常规移民。更为普遍的是，不辞劳苦长途旅行，从地球一角到另外一角，穿越数个国家而最终到达目的地的国际移民比例日渐加大。在单次行程当中，根据相关国家的签证要求，移民的身份很可能时而算作常规时而又算作非常规。

非常规移民知多少

由于严重缺乏准确数据，对于非常规移民的分析越发受阻，从而使辨别趋势或比较世界各地移民现象的规模难以进行。有一个原因是概念上的，我们已经看到，该词涵盖了所有因为不同原因处于非常规状态的人以及可能会在常规与非常规两种状态之间转换的人。

还有一个原因是方法上的。至少可以说非常规移民的统计是一门不精确的科学。没有常规身份的人担心被识破，会避开与官方交谈，从而不会被记录在案。大多数观察家认为大部分非常规移民均未记录在案。估算非常规移民数量的方法多种多样，但需要强调的是，这其中没有一种能够面面俱到。有些国家会定期宣布大赦，从而使未经合法许可在那里居住或工作的异国国民的身份得以常规化。已经对非常规移民进行过直接调查，尽管调查他们并不容易。比较不同的移民数据记录来源以及人口数据有可能会凸显出由非常规移民造成的不一致。最后，对雇员的调查也能间接地发现无合法身份的外国工人。

① 中学和大学之间学业间断的一年。——译注

除了被驱逐出境者，返乡的非常规移民究竟有多少也实在是无法计算。调查表明，想当然地认为所有非常规移民都会永久居留是不对的。许多人来到目的地国心中都有一个具体的，通常是经济方面的目标，比如说，挣够了钱好盖座房子、供孩子读书或者是还债。

不管获取途径多么有限，所得数据的获取途径都算是一个问题。在许多国家，这种数据均由执行机构收集，并非公众所能获取。另外，能够确定某人非常规身份的信息和数据常常分散于不同机构之间，如政府部门、警察部门以及就业部门。数据收集方面的国际合作更是问题多多。有关非常规移民全球趋势及数量的权威数据资料根本就不存在，而可用资料又不全面。

倒是有一个被广泛接受的看法，即随着国际移民数量的增长，非常规移民的全球规模也随之增长。对非常规移民的估算大多是在一国的层面上进行的。比如，据估计，美国国内有超过一千万的非常规移民，几乎占其国外出生人口的三分之一。这些非常规移民中超过一半都是墨西哥人。的确，根据一些估计，美国大约一半的生于墨西哥的人口（将近五百万人）都是非常规移民。尽管边境检查力度已经加大，但每年还是有五十万未经许可入境美国的移民。也有估计说明，俄罗斯有三百五十万到五百万非常规移民，主要是来自独联体（CIS）和东南亚国家。此外，据估计印度现在也有两千万非常规移民，这一数目真是惊人。

另有一些地区或全球范围内的估计。根据经济合作与发展组织（OECD）的估计，2000 年欧洲五千六百万移民中至少有五百万，或者说百分之十处于非常规状态，而且每年还会有五十万移民入境。非洲和拉丁美洲的移民大半也被认为是非常规移民。国际移民政策发展中心估计,总体看来,每年未经许可穿越国际边境的移民有二百五十万到四百万之多。不过,所提供的数据也有很大出入,有时不同数据资料之间的偏差会非常明显。

即便我们认为这些数据并不可靠,不可辩驳的是,它们的确意义重大。这些数据所引发的关注显而易见。但是非常规移民还是应当被纳入到其应有的语境当中去看待。在多数国家,非常规移民的政治意义远远大于其数字上的意义。即便依据最极端的估计,非常规移民在全球移民中也仅占不到百分之五十,而在整个欧盟以及欧盟大多数成员国,非常规移民所占比重仅为不到百分之十。英国的例子很能说明问题。对入境英国的非常规移民数量的估计出入很大,但即使是最高估计与英国常规移民相比比重仍然相对较小。比如,每年来英国求学的留学生就有十二万,此外合法入境在英国工作的人也有二十万。

分清"已有移民"和"流入移民"也很重要。对于已有非常规移民的估计少之又少,比如,欧盟成员国没有一个国家就其非常规人口数量发布官方评估。然而毋庸置疑的是,在大多数国家已有移民在数量上远远超过流入移民。全球大多数非常规移民已经在目的地国居留有时。这些人往往已经有活儿可干,有地方可住,甚至孩子也已经入学。换句话说,他们在自己所生活的社会中已经是不可或缺的一分子了。

非常规移民的挑战

在政治和媒体话语中,非常规移民常被说成是对国家主权的威胁。简单说来,这种看法认为国家享有对入境人员进行控制的主权,而非常规移民破坏了这种控制,从而也就威胁到了主权。由此看来,要维护主权,杜绝非常规移民当为根本举措。

在一些更为极端的话语中，非常规移民还被视作对国家安全的一种威胁。据透露，非常规移民和寻求庇护者尤其可能会为潜在的恐怖分子入境大开方便之门。考虑到当前讨论的敏感性，对这些潜在的、煽动性的结论应当作出极为缜密的分析。

首要问题是要考量所涉及的数量。非常规移民威胁国家主权这一看法中所固有的认识是，非常规移民数量巨大，“泛滥成灾”，各国已经难以承受或至少也是有此隐忧。实际上，正如我已经解释过的那样，非常规移民虽然数量巨大，但在大多数国家的移民总数中只占较小比重。

其次，非常规移民常常被别有用心地加以指摘，而这样的指摘却又没有任何实质性的依据。尤为常见的两个想当然的认识是：非常规移民参与非法活动；他们与传染病的传播有关，尤其是艾滋病。这两种认识都纯粹是以偏概全。有些非常规移民（及寻求庇护者）是罪犯，有些在长期迁徙中染上传染病，但大部分人并非如此。对证据的歪曲将所有非常规移民视为了罪犯并把他们妖魔化了。这促使他们只好隐藏在地下，同时也转移了人们的注意力，使人们无视那些的确就是罪犯并应受到指控的非常规移民以及那些染上疾病需接受治疗的非常规移民。

单单将注意力放在恐怖主义上面意味着其他与非常规移民相关的，国家、社会以及移民本身所面临的紧迫的挑战往往会被忽视。非常规移民是会对国家安全造成威胁，但通常却并不是因为它与恐怖主义或者暴力相联系。当与腐败、有组织犯罪相联系时，非常规移民就会成为公共安全的一大威胁。在蛇头和人口贩卖者可以为非法入境大开方便之门，或犯罪团伙在移民入境后争夺移民劳动力控制权的地方尤其如此。

当非常规移民的涌入导致僧多粥少，引发竞争时，侨居国的人口中便会萌生排外情绪。值得注意的是，这种情绪往往除了直接针对非常规移民，也会殃及已有移民、难民和少数民族族群。当这种情况得到大量媒体关注时，公众对国家移民政策和庇护政策的合理性和有效性的信心也会因为非常规移民的问题而大打折扣。非常规移民从而会影响政府扩大常规移民渠道的能力。政府应当向国民展示其控制局面的能力，这一点至关重要，不可低估。如果非常规移民的现象的确存在，投票人关于为何还要接纳移民的质问就并非没有道理。

那么这就很清楚了，尽管关系复杂，但非常规移民的确会危及国家安全。不过，非常规移民同样也会危及移民本人的人

图 7 移民翻越法国北部弗雷桑火车站的护栏企图登上一列经英法海峡海底隧道开往英国的货运火车

身安全。非常规的移民活动对移民自身的消极影响经常被低估。他们经常会因此搭上性命。每年都有大量试图越过陆上或海上边境的人死于非命而未被官方发现。比如，据估计，每年试图越过地中海从非洲到欧洲的移民中都有两千人丧生，越境到美国的墨西哥移民则约有四百人丧生。

国际移民问题中最大的未知因素就是究竟有多少人离开故土却没能抵达他们想要去的地方，他们在过境国过的又是怎样的生活。

在为数众多的非常规身份移民中，女性占了不小的比例。因为面临性别歧视，非常规身份的女性移民往往被迫接受最卑贱、最不正式的活儿。她们的人权饱受侵犯，因此有些评论家甚至将当代的人口贩卖与奴隶交易相提并论。女性尤其会面临某些健康方面的风险，包括接触艾滋病病毒。更为普遍的是，未获许可入境某国或在某国居住的人往往冒着被雇主和房东剥削的风险。因为身份特殊，这类移民一旦到达目的地国，技能和经验通常难以完全发挥。

非常规移民通常不愿寻求官方救助，因为他们怕被逮捕或驱逐出境。因此，他们并不一定就会使用他们可以享有的公共服务，比如紧急救护。在大多数国家，他们只能部分使用公民和常规移民享有的整套服务。在这种情况下，本就不堪重负的非政府组织、宗教团体及其他的民间团体机构不得不向非常规移民提供援助，有时甚至要牺牲自身的合法性。

非常规移民是一个极易引起激烈讨论的话题，而且所引发的观点往往走向极端。关注边境检查和国家安全的人往往遭到那些关注移民人权的人的反对。另外一个挑战是如何就非法移民的成因和后果以及解决这一问题最为有效的途径促使人们进行客观的讨论。

人口贩卖与移民偷渡

人口贩卖与移民偷渡在全球非常规移民中所占比例或许相对较小,但近期以来备受关注,因此有必要用本章余下篇幅对其加以讨论。简而言之,本章回答了四个问题:什么是人口贩卖与移民偷渡?规模如何?代价有哪些?对移民本人有什么影响?

尽管人口贩卖和移民偷渡常被混淆,甚至连政策制定者和学者也不例外,但是这两个概念在法律上还是有区别的。《联合国关于禁止、打击和惩罚贩卖人口的决议》(1999)中对贩卖人口作了如下定义:

> 以剥削为目的,通过威胁、暴力,或其他形式的胁迫、绑架、欺诈、蒙骗、滥用权力、利用他人弱势,或者通过给予或接受报酬或好处的方式取得某个对他人具有控制权的人的同意,对人进行招募、运输、转移、收留或接纳的行为。

贩卖女性,有时候甚至是女童,使其成为妓女或从事性交易的行为已经引起了相当关注。要调查人口贩卖很难,但根据国际移民组织的调查,常见的情况是,年轻女性被许诺可以在国外工作。事先商量好价钱,这位女性就会在开始工作之后分期还钱。她随即被运送到目的地国(往往是以非法的形式),到了那里,她才明白自己要被迫做妓女,而且几乎所有收入都被人贩子拿走。也有一些关于年轻女性和儿童遭人绑架,被人从家里带走并强行运到其他地方的报道。有些人真就是将人口贩卖描述成现代版的奴隶制。

移民偷渡的定义如下:“为了直接或间接的经济利益或其他物质利益,使某人非法入境某国,而在该国,此人既非国民也不是永久性居民。”与人口贩卖不同,移民偷渡大多是出于自愿。潜在移民本人,或者往往是其家人付给蛇头一笔钱将其非法运送到目的地国。到达目的地后他们与蛇头的瓜葛一般也就随即终止,因此他们不会像人口贩卖的受害者一样面对由之而来的剥削。

实际上人口贩卖与移民偷渡之间的界限也会模糊不清。如果移民前移民未向蛇头付钱,这就意味着到达目的地国时移民还要向蛇头还债。在这种情况下,人口贩卖与移民偷渡之间的界限就会变得尤其模糊。这就有可能导致剥削。

同非常规移民的总体情况一样,要精确计算人口贩卖或移民偷渡的数量根本不可能。所提供的数字通常只是就一部分人所做的统计,他们要么是偷渡行为或被人贩卖的事情被发现,要么就是自己作了交代。问题是,没有人知道实际发现的被贩卖和偷渡的移民究竟占多大比例。似乎有理由认为,这类移民中有很多人永远都不会为官方所知。

事实上,美国国务院确有发布关于人口贩卖的年度评估的做法。根据这些估计,仅 2004 年一年就有六十万到八十万的女性、儿童以及男性被贩卖。所发布的统计数据中令人震惊的一点是,世界各地均有贩卖人口的现象,而且发生在区域内部的比发生在区域之间的往往更为常见。据估计,三分之二的受害者分布于亚洲内部(二十六万到二十八万)及欧洲内部(十七万到二十一万)。

我最近参与了伦敦大学学院移民调查小组的某项调查。该调查试图估算世界各地移民偷渡的费用。调查对含有移民付费情况的六百多份资料做了考察。当然,这项调查难免会有不少问题,其结果也无非只是些估计,但从中却还是可以读出一些耐人寻味的东西(表5.1)。

表5.1 移民偷渡费用一览表

路线	平均费用(美元)
亚洲—美洲	26,041
欧洲—亚洲	16,462
亚洲—大洋洲	14,011
亚洲—亚洲	12,240
亚洲—欧洲	9,374
欧洲—大洋洲	7,400
非洲—欧洲	6,533
欧洲—美洲	6,389
美洲—欧洲	4,528
美洲—美洲	2,984
欧洲—欧洲	2,708
非洲—美洲	2,200
非洲—大洋洲	1,951
非洲—非洲	203

为了此处的讨论,表5.1中的数据有三点需要说明。第一点,要注意蛇头和人贩子究竟能收取多少费用。据显示,从亚洲到美洲的旅程平均费用超过两万六千美元。其中隐含的一层意思就是,只有那些相对比较富有的人才付得起钱偷渡,而这一趋势越来越明显。两万六千美元在诸如巴基斯坦这样的国家可不是一笔小数目,而亚洲与美洲之间的移民事件很多都源于巴

基斯坦。

第二点，要看到偷渡费用差别巨大。表格最下方显示的非洲内部越境偷渡的费用低到只有二百零三美元，考虑到第三章对这些国家收入水平的描述，这可能也算一大笔钱了。在所报道的几则案例中，非洲国家之间的偷渡不是现金付费，而是用几袋大米以及别的什么东西支付。表中可以获得的最后一条信息再次说明移民偷渡是全球现象，并非只是由“南”向“北”的流动过程。

通过考察几年间移民偷渡费用的报告，该调查也试图弄清费用是在上涨还是在下降。尽管主要路线的费用各有不同，但整体感觉是费用正在逐渐下降。这似乎是因为偷渡这个行当的竞争日益加剧，蛇头总是得互相压价并调整策略以吸引更多的“客户”。

偷渡费用调查的最后一个方面是试图搞清楚这些费用的主要决定因素是什么。我们理清了三个主要因素：一是行程，大致上行程越长费用越高；二是交通方式，乘飞机比乘船贵，而乘船又比坐车贵；第三个因素大概就是出行人数，同一批出行人数越多，人均费用就显得越少。

顾名思义，人口贩卖对于被贩卖的人会有消极影响。人贩子无情地剥削移民。人口贩卖的受害者对于自己所要从事的活动没有自由决定的权利。他们常常被迫做一些钱少、不安全而且卑下的工作，发现自己根本无计逃脱，所得酬劳又少得可怜甚或就干脆没有。贩卖女性近来已经得到了很大关注，但也应该看到贩卖人口的活动也同样影响着男性和儿童。既不是常规移民，又远离父母，移民儿童成为特别容易受伤害的群体，他们有可能会被贩卖进入性行业。

作为一项产业的移民偷渡

除了文中提及的调查，我于2004年也花时间采访了阿富汗和巴基斯坦的一些蛇头。据他们说，随着时间的推移，不但收费数量有变化，收费方式也发生了改变。大约十年前，蛇头明确要求费用必须提前一次性付清。这样移民就会面临蛇头在帮他们偷渡之前卷款潜逃的风险。针对这种担心，一些蛇头改变了做法，事成前他们只收取押金，余额则在到达目的地国之后偿付。正如前面提到的，此处的问题在于，有些移民会在到达目的地国之后因为欠蛇头钱而被压榨。在过去的两三年里，蛇头再次对“客户”的忧虑作出反应。现在，款子倒是提前全额付清，但却是存在第三方名下而不是直接交给蛇头。直到移民打电话确定自己已经安全抵达目的地，这笔钱才会转到蛇头名下。这就等于说移民偷渡也有了退款保证。

但同样重要的是，移民偷渡对身陷其中的人的消极影响也不可忽视。我们已经看到，为了让他们从一地偷渡到另一地，蛇头会向他们收取上万美元的费用。蛇头们并不一定会提前告知移民他们到达的确切地点。他们采用的运输方式往往并不安全，以这种方式旅行的移民可能会发现蛇头对他们撒手不管，从而无法完成他们已经付了钱的行程。通过蛇头偷渡期间，许多移民在海上溺水而死，在密封的集装箱里窒息而死，或在途中被强奸或虐待。

苏莱曼的遭遇，2003年采访于喀布尔

“第一次被偷渡出国时，计划是飞往杜尚别然后由陆路到达莫斯科。第一步挺顺利，我凭着一张伪造的巴基斯坦护照在卡拉奇登上了飞机，一点麻烦没有。陪我去机场的那个代理人跟我说，杜尚别机场那边会有个叫纳菲的代理人接我。可到了杜尚别，我一下飞机就被抓了。我，还有其他一些阿富汗的非法移民被囚禁了四周，又是被审讯，又是按着点儿地挨打，还处在严刑威胁之下。一个月后，莫名其妙地，我又被弄出了牢房，坐车回到了杜尚别机场。纳菲就在那儿等着我。他跟我解释说，从卡拉奇出发的那趟航班上，与我一道的还有五十名非法移民，他们的行程是由巴基斯坦好几个别的代理人安排的。其中一个代理人没有贿赂杜尚别机场的移民官员，因此那些被认为是他的'客户'的人就全都给抓了。我是因为被搞错了身份而被抓的。"

第六章

难民与寻求庇护者

寻求庇护者是指那些申请了国际保护的人。一旦到达他们想要向其寻求保护的国家,大部分移民都会提出申请,尽管不在那些国家境内也有可能申得庇护，如在大使馆或是领事馆。寻求庇护者所提申请的判定依据 1951 年在联合国会议上通过的《关于难民地位的公约》中的标准,以下将对此进行详细讨论。成功的申请者会获得难民地位而成为难民。申请未成的一般还可以上诉,如上诉仍然未果则需离境。在欧洲及北美也有一系列别的地位,统称特许居留(ELR),授予那些虽非难民但却仍然无法返回家乡的人。

国际难民体系

国际难民体系由一系列的法律构成,其中对难民的概念做了界定并确定了难民的权利和义务,以及各国应当遵守的一系列规范(尽管未必具有法律约束)。该体系的执行和监督由若干机构负责。

关键性的法律公约当属 1951 年在联合国会议上通过的《关于难民地位的公约》(以下简称《1951 年公约》)。该公约将难民定义为"因种族、宗教、国籍、特定社会团体成员或政治主张，确有担心遭受迫害的充分理由而流落于本国之外的人”。尽管针对非洲和拉丁美洲的具体情况，该定义可以略作调整，但基本上仍是全球通用。

该定义有不少方面都引起了很大争议。首先值得注意的是该公约的日期——写成于五十多年前。许多批评家认为，尽管公约中对难民所下的定义在当时足以说明问题，但它无法说明现代世界中难民的现实问题。比如，该公约将注意力集中在国家迫害这个问题上，因为其编写初衷主要是为了保护那些遭受纳粹政权迫害的人。当用来特指那些逃离的人时，该定义在冷战期间还具有了某种政治意图。但在当今世界，我们将看到，难民所要避开的往往是冲突所造成的整体的不安全状况，而不是具体的政治迫害。

此外，该公约并未明确涵盖那些因性别或性取向而遭受迫害的人。我们只需看看阿富汗塔利班政权下女性和同性恋的遭遇就能明白这在今天是多么重要。该公约也没能涵盖因广泛的环境原因(比如海啸或地震)而逃离家园的人。不过有一种观点倒也不无道理，即此类避险往往由政治失败引起，比如未能预报险情、缓解灾害影响、就灾害的影响提供保险，或是未能在善后事宜中提供足够的住所和保护，因此这类避险的人也应被概括在难民的定义之下。

第三种评述是，该定义只适用于那些在本国境外的人。离开家乡却未能离境出国的人要多得多，他们一般被称为“国内流离失所者”(IDP)。“国内流离失所者”比难民更容易遭受伤害，因为他们甚至没有离境出国的能力以免受迫害，而且国际体系还无法像对待难民那样向他们提供保护。我们会在最后一章看到，“国内流离失所者”近些年来已经引起了国际社会越来越多的关注。

尽管有这样的保留意见，有些评论家还是认为应当维护《1951年公约》。首先，它的确还是涵盖了大部分不在本国及需要保护的人，被漏掉的相对来说并没有多少。其次，专门负责该公约执行情况的联合国难民事务高级专员公署在实际当中确实也对移民的定义做了扩展，以涵盖那些虽被排除在外却仍然亟需保护的人，尽可能将“国内流离失所者”以及逃离自然灾害的人包括在内。最后，全球约一百四十五个国家都已签署了该公约，多数人认为要让这么多国家重签修订版或新公约实在不大可能。

一系列的规范也限定了各国对难民的反应。这些规范取自《1951年公约》或其他法律文件（如1948年的《世界人权宣言》），要么具有法律效力，要么就是虽不具有法律效力但却是广为采用的习惯法或协议。其中最重要的几条分别是：有权离开本国，有权入境他国，提供庇护应为非政治行为，不得强制遣返难民，所有经济和社会权利均应惠及难民，各国须尽力为难民提供持续的解决方案。同样，难民也有应尽的义务，最基本的就是要遵守庇护国的法律。

联合国难民事务高级专员公署负责《1951年公约》的维护、执行和监督。吉尔·洛希尔所著的《联合国难民事务高级专员公署与全球政治》一书就联合国难民事务高级专员公署和国际难民体系的发展状况给出了一个引人入胜的概况。他描述了1951年时候的情况。当时格里特·扬·范赫芬·胡德哈特被任命为第一任联合国难民事务高级专员，他“看到三个空荡荡的房间和一个秘书”，得到的授权也不过三年，手头几乎没什么经费。2005年情况就大为改观，安东尼奥·古特雷斯被任命为第十任高级专员，旗下的年度经费就有十亿美元左右，职员约有六千，其得到的授权可使联合国难民事务高级专员公署成为世界上最重要的人道主义组织。

今天，联合国难民事务高级专员公署遭受着经费危机的困扰。与联合国其他机构不同，它从联合国总经费里只能取得最低限度的配额，但却被期望提高年度预算。它已经越来越多地依赖几个主要的捐助者，最突出的是美国、欧洲委员会、瑞典、日本、荷兰及英国。联合国难民事务高级专员公署的经费危机因为该机构将其活动从难民扩大到其他一些需要关注的人群之上而雪上加霜。

联合国体系之外的国际移民组织在国际难民体系中也是一个重要机构。它主要负责后勤，尤其是难民运输。联合国难民事务高级专员公署和国际难民组织所作的努力也得到了很多非政府组织的支持，这些组织往往直接负责营地管理、食品分发、医疗和教育等方面的工作。

难民的全球地理分布

国际难民体系生效以来，难民的全球地理分布已经发生了巨大变化。前面已经提到过，最初的挑战是为那些逃离德国和欧洲被占区以求免遭纳粹迫害的人们寻求解决方案。他们当中很多人最终在美国重新定居。按照最初的设想，联合国难民事务高级专员公署和《1951 年公约》是只在一段时期内发挥作用，最初的活动一旦告成便随即终止。然而事与愿违。到了二十世纪六十年代，主要是由于非殖民化的影响，非洲出现了几次大的难民浪潮。我们将在下文看到，这类难民中有不少人都永久定居在了非洲邻国。二十世纪七十年代，由于 1971 年孟加拉国的建立以及越南和印度支那其他地区的战争，难民大军的地理焦点又一次发生了变化，迁移到了南亚和东南亚。其中一些难民最终在欧洲重新定居。二十世纪八十年代，中美洲很快成为主要的地理焦点。

二十世纪九十年代不同寻常的是，发展中地区和发达地区都同样产生了移民。二十世纪九十年代几次移民洪流同时产生于波斯尼亚地区、科索沃地区、前苏联、非洲之角地区、卢旺达、伊拉克、阿富汗和东帝汶。同时，几次大的移民回流发生在莫桑比克和纳米比亚，到二十世纪九十年代末期，阿富汗和波斯尼亚地区也发生了这种情况。此外，数量甚巨的难民首次开始离开自己的地区到发达地区去寻求庇护。二战结束时，起初主要是欧洲问题的难民流动已经成为真正意义上的全球现象，情况也极其复杂。

据联合国难民事务高级专员公署的估计，2005 年底全球约有难民八百四十万。这是二十五年间所报道的最小数字，与 1990 年超过一千七百万的数字形成鲜明对比。原因之一就是近年来数量可观的难民纷纷重返故里；还有就是，全球一些大的冲突已经趋缓，新难民也就越来越少。前面已经解释过，联合国难民事务高级专员公署也将其援助施及那些未被官方认定为难民的人，而他们的数量在 2005 年又增加了一千一百万。其中包括约六十七万寻求庇护者、二百四十万无公民权者、一百一十万刚刚返乡的难民、约三万已在新国家重新定居的难民，还有六百六十万“国内流离失所者”。值得注意的是，上述“国内流离失所者”算的只是接受联合国难民事务高级专员公署援助的那些人，而根据有些估计，当今全球“国内流离失所者”多达两千四百万。

最大的单一难民人口来自阿富汗:2005年有将近两百万阿富汗难民,主要是分布在伊朗和巴基斯坦这两个邻国。紧随阿富汗之后,最重要的难民来源国还有苏丹、布隆迪、刚果民主共和国和索马里,这些国家的难民绝大多数都居住在其邻国。接受过联合国难民事务高级专员公署援助的"国内流离失所者"的数量以苏丹为最,达两百万左右,而该国"国内流离失所者"的总数则接近六百万。计入统计数字的无公民权者大多是巴勒斯坦人。人数最多的返乡也是在阿富汗——2005年约有七十五万人返回阿富汗。2005年法国收到的庇护申请最多,约五万个,其次是美国(四万八千)和英国(三万零五百)。重新定居在美国的难民最多,约五万四千人,其次是澳大利亚(一万一千七百)和加拿大(一万零四百)。

就当代全球难民的地理分布情况应有不少评述。尽管最大的难民人口是生活在伊朗和巴基斯坦的阿富汗人,但受难民影响最深的大陆无疑当属非洲。非洲的难民输出国与输入国是最多的。尽管比起以前,长途迁徙的难民数量见长(比如很多居于法国和英国的寻求庇护者都是从撒哈拉沙漠以南的非洲远道而来),但大多数难民还是短途迁徙去邻国避难。最后,尽管根据所做观察,比起过去的二十五年,今天的难民人数的确是减少了,人们也有理由因此而感到乐观,但也应该看到,承受巨大负担的还是那些全球最穷困的地区。

难民活动的原因

《1951年公约》对难民所下的定义在解释难民为何逃离家园时强调的是迫害的概念。当今世界无疑仍然有一些肆意迫害自己某些国民的政权。不过,似乎当今大部分难民之所以离开

图 8 行进中的卢旺达难民

家园是为了躲避冲突而不是国家的直接迫害。难民活动方面杰出的理论家阿里斯蒂德·佐伯格说，难民是在“躲避暴力”，而并不一定是迫害。之所以仍然把他们定义为难民是因为，就算他们的国家并未对他们进行直接迫害，却也未能保护他们，未能使他们享有公民应普遍享有的权利。

尽管此处不应对现代战争繁浩的文献做什么回顾，但因其与难民活动不无关联，所以还是有必要列出由颇具影响的学者玛丽·卡尔多所描述的使“新战争”有别于以往冲突的一些特征。首先，跟大多数人一提到战争时所产生的想法大相径庭的是，当今几乎所有的冲突都是因种族和宗教而起，发生在国家内部，而不是国与国之间。1998 年到 2000 年厄立特里亚和埃塞俄比亚之间的冲突实在算是个罕见的例外。实际上，据估计，

2000年全球二十八起武装冲突中有二十五起都是发生在国家内部——尽管发生在阿富汗和伊拉克的以美国为首的军事行动自此打破了这一形势。

其次,战争似乎已经变得“非正式化”或“个体化”了,也就是说,打仗的越发不是什么正规部队了,而是民兵或雇佣军。再次,以往在战争中丧生的主要是战士,而现在却主要是平民。据估计，现代战争当中平民占伤亡人数的比例高达百分之九十，而第一次世界大战中这个数字只有大约百分之二十五。第四，现代冲突日趋持久且会屡屡再发,在非洲尤其如此。原因之一是这些冲突是因种族划分而起,不但和平解决无望而且战火还会重新燃起。另外,复员遣散也往往徒劳无功——大量的武器跟数十万无事可做、百无聊赖且又激进好斗的年轻人合起来简直就是混合炸药。

新战争的最后一个特征就是难民比例加大,原因有三。一是,人口迁移已经成为战争的一个战略目标,有时候交战各方甚至会合作以实现某些人口的重新安置。二十世纪九十年代发生在巴尔干半岛的所谓种族清洗就是佐证。二是,现代武器可以更快地使更多的人受到恐怖威胁(或丧生)。最后,地雷的广泛使用往往也使人们别无选择,只好在冲突中离开家园。

难民活动的后果

有关难民活动后果的学术文献涵盖范围甚广,难民机构的报告也为数可观,从对难民的心理影响、难民营对环境的影响直至难民中艾滋病的传播,无所不包。联合国难民事务高级专员公署的网站(www.unhcr.org)当为查找有关一系列难民问题的最新数据、研究及政策的最佳处所。本节不打算去探求这众多方面的本质所在，而是要把注意力集中在以下三个相互交叉的主题之上：定居的模式与过程、性别以及援助。

难民营业已吸引了不少注意力，而各方意见则各不相同。大多数组织还有一些专家都认为，难民营在保护难民方面至关重要，而且也能提供最大限度的援助和教育。也有人指出：难民营里暴力和性虐待事件频发；难民营使难民之间彼此产生依赖；通过诸如排水或污染地下水以及乱砍滥伐等行为，难民营会对当地环境产生有害影响。某些难民在难民营待过数个保护期，有时候可能会是好些年，难民营也会对他们产生深层的心理影响。

并非所有的难民都居住在难民营，或许这至少部分是因为他们自身的一些问题。在当地人中间"自建居所"的难民也占不小的比例，通常是在边境附近的村落。尽管已经跨越国际边境，但如果难民发现周围都是与自己同一种族的人，他们尤其会这么做，在非洲就经常发生此类情况。居住在城市的难民就更难确认并研究了，据估计，苏丹的喀土穆和埃及的开罗就各有数十万的难民在那里安家。

难民的定居方式似乎综合了难民营、自建居所以及市区住宅这三个选择。有时候难民家庭各有分工，青年男子去城里干活，妻儿老小则待在难民营接受救助。或者，难民全家奔波于几地之间以求尽可能多的获得收入和保障。

持久难民的状况

持久难民的状况正在引起联合国难民事务高级专员公署越来越多的关注。该机构定义说："在这种状况下，难民们陷入长时间无可奈何的困境。他们也许不会有性命之忧，但其权利和基本的经济、社会和心理需求在背井离乡多年以后仍然没能得到满足。这种状况下的难民通常无法摆脱对外来援助不得已的依赖。”2003 年末，联合国难民事务高级专员公署估计全球有三十八种不同的持久状况，总共涉及约六百二十万难民。针对尼泊尔的不丹难民，巴基斯坦和伊朗的阿富汗难民，肯尼亚、也门、埃塞俄比亚和吉布提的索马里难民，该机构已经采取了专门的主动措施。

难民人口中，与男性相比，女性人数有日见增多之势。原因之一是，男性死于战乱或应征入伍的可能性更大，冒险留守家中保卫家园或是继续在那里工作的可能性也更大。尽管如此，只是到不久前，女性难民才引起了学界的关注。最近，有关文献趋向于将几乎所有的注意力都放在女性难民所面临的挑战上。她们可能会在灰心丧气的丈夫或其他男人手里遭受暴力或性虐待，并因之有健康之忧。照料家小的重担过多地落在了她们肩上，在女性持家的家庭里尤其如此。她们还得负责做饭——最显而易见的证明是，女性为了收集柴火要走的路越来越长。

通过给予女性难民特别的关注并强调她们在难民居所中往往最具智慧和进取精神，苏珊·福布斯·马丁的《女性难民》对这两种趋势做出了肯定。人们认为是她的书改变了联合国难民事务高级专员公署处理女性难民问题的方式。现在，只要有可能，食品及其他物品总是会优先考虑直接分配给女性。她们也常常接受培训成为难民居住地的“同伴教育者”。实际上，移民活动常常被看做女性移民（包括难民）获得权力的过程，但也有一种忧虑，即她们一旦重返家园，回到传统的父权社会，权力就会随即丧失。

图 9 莫桑比克的儿童难民排队等候食物

围绕难民援助的重要讨论是:是否给难民提供援助?何时提供?如何提供?巴巴拉·哈勒尔－邦德的《强加的援助》无疑是这场讨论中的一部重要论著,在难民研究领域可谓开风气之先。尽管有不少人认为她的案例言过其实,但她还是对难民营的援助体系提出了令人信服而又不留情面的批评。比如,有时援助会变得多余,从而产生依赖;也有一些援助不当的事例,如所提供的食物引起了大多数受援助人口的不满。男性难民未必就是接受援助的最佳人选，因为据了解他们会将援助所得用于其他活动，使家人忍饥挨饿。

长久之计

解决难民问题有三项所谓的长久之计。三者都可能各有不足。

一般认为，最佳方案就是自愿归国，换句话说就是让难民们重返家园。对此首先要说明的就是，要强调“自愿”一词。我们知道，难民保护的核心原则就是“不驱逐”，但违背难民意愿且在难民本国国内尚不安全时将其遣返的事件也时有发生。难民归国的另外一个潜在的难题就是如何界定家园的概念。比如，把难民遣返回本国某个安全的地方，而难民的家乡却依然不安全，这种做法是否合适？联合国难民事务高级专员公署对此予以否定，而越来越多的国家却对此表示赞同。

表 6.1 2005 年最近几次重大的遣返活动

目的地	出发地	人数
阿富汗	巴基斯坦	461,118
阿富汗	伊朗	289,641
布隆迪	坦桑尼亚	62,338
伊拉克	伊朗	55,267
利比里亚	科特迪瓦	33,000

来源：联合国难民事务高级专员公署，《2005 年全球难民趋势》（日内瓦：联合国难民事务高级专员公署，2006）。

难民遣返中一个关系重大的未知因素就是难民重返家园后会有怎样的遭遇。根据《1951 年公约》的有关规定，难民一旦越界回国就不再受到特殊保护或援助，尽管我们知道联合国难民事务高级专员公署也确实向部分归国的难民提供过援助。这些难民回国后面临的困难不容低估。他们回国后往往找不到工作。当他们在国外避难的时候，他们的家园和土地往往被人占据，甚至毁坏或被埋上了地雷。诸如道路、学校、医院等基础设施通常也遭到了毁坏。他们会受到退伍士兵的骚扰或者那些未曾逃离的人的嫉恨。还有一些人，尤其是女性和儿童，因为不得不接受其在社会中往往不如以前的地位而面临心理挑战。

第二种方案是就地融合，即难民在侨居国永久定居。二十世纪六七十年代，这种方案在非洲尤为普遍。前面已经提到过，难民越境后通常与自己的族群共处。在这个时期他们的人数还相对较少，除此之外，这也意味着就地定居相对而言不成问题。事实上，在坦桑尼亚之类的国家，难民通过在当地的村镇定居促进了当地经济的发展。

在当今的非洲，就地融合已经远不如以前那样普遍，当地的侨居国政府对难民人口越来越敌视。单单难民的数量就足以构成一个原因。另外，越来越明显的是，人们认为难民带来了问题，比如争夺土地和工作机会，还有就是造成环境恶化。非洲以及其他发展中国家希望移民一俟安全便即归国，这种意愿日益强烈。

与之对比鲜明的是，发达国家传统上会授予难民永久居留权。尽管在合法的条件下，人们可能会期望难民在条件允许时重返家园，但实际上几乎所有的难民，比如在欧洲的难民，都会永久居留。在英国，难民获得难民地位七年以后即可申请获得英国国籍。

最后一条长久之计就是在第三国重新定居。在此过程中，往往来自难民营的难民会永久定居于另外一个国家，而且几乎总会是在发达国家。我们了解到，美国、澳大利亚和加拿大所接受的重新定居的难民最多。整个二十世纪七八十年代，难民重

DAILY EXPRESS

CRUSADING FOR BRITAIN

The World's Greatest Newspaper

WEDNESDAY MAY 8, 2002 20p

ONLY 20p TODAY

BABY SNATCH ORDEAL

Kidnap twin parents tell of despair and relief

EXCLUSIVE STORY AND PICTURES SEE PAGES 2&3

WE CAN'T KEEP THEM OUT

EXCLUSIVE REPORT AND DRAMATIC PICTURES PAGES 6&7

Asylum seekers risk their lives to flee French fascists as Britain's immigration doubles

THIS is the incredible sight of illegal immigrants enjoying a free run to Britain. At least 50 refugees are shown preparing to board an unguarded freight train bound for this country. Astonishingly, this picture shows a railway yard owned by the French, who have promised a security crackdown near the Channel Tunnel.

Yet there is not a guard or a police officer in sight. Instead the asylum seekers seem confident they will not be caught. They and thousands like them are fleeing a rising tide of attacks on immigrants in a continent stricken by fears of a return to fascism. On Monday 34 refugees were arrested in Britain after stowing away on trains.

The fresh security crisis came on the day figures revealed immigration has hit record levels, with 183,000 more people coming to Britain in 2000 than leaving. Asylum seekers made up 80,800 of the total of 482,000 people who arrived that year.

The fact of the matter is, we can't keep them out.

OPINION 12 EXPRESS WOMAN 18 DIARY 27 LETTERS 30 TV 41-44 CROSSWORD 45 STARS 46 CITY 54-58 OBITS 59 SPORT 60-72

图 10 2002 年《每日快报》一张危言耸听的头版

新定居在欧洲相当普遍。当时有很多越南的“船民”以及来自皮诺切特统治下的智利的难民到了欧洲。不过，现在重新定居欧洲的配额严重缺乏。比如，2004 年仅有一百五十名难民重新定居在英国。问题是，就当前人们对欧洲某些区域的寻求庇护者及难民的关注的形势来看，大规模的重新定居在政治上并不可行。

工业化世界的庇护问题

在整个工业化世界，尤其在欧洲，寻求庇护者已成为政治议程上的首要问题，媒体和公众当中，也存在一种山雨欲来的危机感。一方面，可以认为这场危机是夸大其词。另一方面，工业化国家中与庇护相关的一些重大挑战（即便是置之于难民和寻求庇护者的全球大视野中）也需要分别加以关注。

庇护问题在欧洲开始引起越来越多的关注，尤其是在二十世纪九十年代。这是因为当时到达那里的寻求庇护者达到了顶峰——1992 年大约有七十万。难民人数又因为逃离波斯尼亚地区战乱、进入西欧的近乎一百万难民而进一步增加。

除了数量，这一时期寻求庇护者的其他一些特征也引起了人们更大的不安。首先，他们（通常以“自发”寻求庇护者来形容）是未经正式许可避难他国的。我们知道，二十世纪七八十年代，欧洲接受了难民重新定居，但是难民的人数、特征以及入境方式是可以由目的地国来控制的。与之相比，寻求庇护者通常只是从遥远的国度到达边境——当时阿富汗、索马里、斯里兰卡都是重要的来源国。其次，与重新定居的难民相比，很多申请庇护的人实际上根本就不是难民。随着二十世纪八十年代移民去欧洲参加工作的合法机会的减少，寻求庇护成为了劳动力移

图 11 一名寻求庇护者在英国多佛接受采访

民在欧洲寻找工作的为数不多的几个途径之一。最后，当时普遍的忧虑是，这些人或许由此会成为自“南”向“北”的大批移民的先遣队。

主要是为了应对寻求庇护者人数的增长以及其他一些忧虑，欧洲各国引入了大量新政策试图减少寻求庇护者的人数并保证入境者确有资格而并非“假冒”：它们要求许多国家的公民都必须持有签证。航空公司及其他运输单位受命检查所有旅客的护照和签证并对未持有关证件者进行罚款。庇护的程序得到了精简以尽可能快地处理申请。寻求庇护者在享受社会福利方面也受到了限制。

就此类政策的影响所产生的讨论很多。毫无疑问，在欧洲寻求庇护者的数量已经明显减少——2004 年，当时欧盟的十五个成员国接到的申请仅二十三万三千份，比 1992 年报道的数字的一半还要少很多。但是，有些评论家指出，难民人数减少的主要原因是，包括阿富汗、索马里以及斯里兰卡在内的几个主要来源国国内的冲突已经平息。还有些评论家指出，新政策固然减少了寻求庇护者的人数，但他们还是源源不断地入境，只不过是以非常规的方式进行——非常规移民已经开始取代庇护了。

“从申请庇护到实现移民”这一涵义甚广的说法被越来越多地用于描述当今工业化世界所面临的庇护方面的特有挑战。这个说法指的是概念和政策方面的挑战，一方面是区分难民和“假冒”申请人，另一方面是区分寻求庇护者和非常规移民。

英国的情况可以说明这些挑战。在过去十年里，入境英国的寻求庇护者中百分之十到二十的人都被认为符合《1951 年公约》的标准并获得了难民地位。还有百分之二十到三十的寻求庇护者不符合公约标准，但因为考虑到他们返回来源国尚不安全，所以这批人被给予了临时性特许居留地位。这意味着介

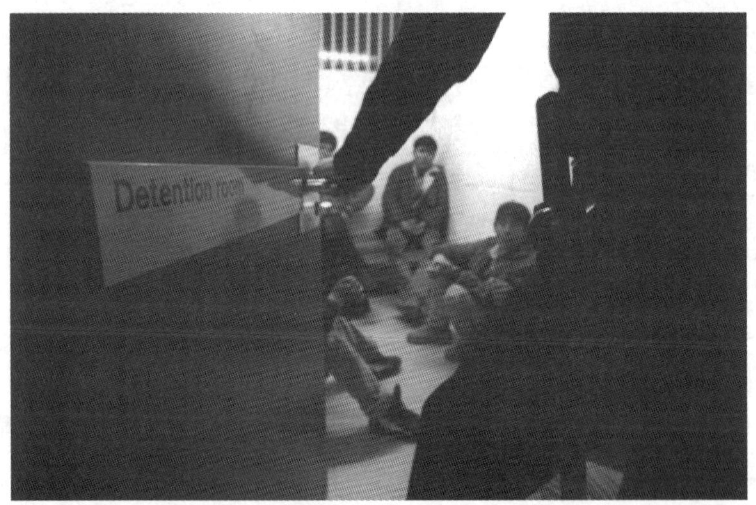

图 12 乘坐货运火车到达英国的寻求庇护者被拘留在福克斯通的一间拘留室里

于百分之五十到七十的寻求庇护者未被认定为需要保护。遭到拒绝的人有权提请上诉，有些人上诉之后的确得到了保护。大部分人的上诉遭到拒绝，于是不得不返回来源国。但很多人并不如此，他们非法在英国滞留。

有些遭拒的寻求庇护者，虽然其申请及随后的上诉遭到拒绝却依然留在目的地国，这是庇护与非常规移民混淆难辨的原因之一。还有就是，目前有蛇头的帮助，因此以非常规方式入境的寻求庇护者的比例似乎越来越大。考虑到上一章描述的移民偷渡的种种危险，这种情况应引起庇护支持者及人权组织的高度关注。最后，有些寻求庇护者到达他国后也会触犯法律，通常是因为未获工作许可证即参加工作。

遣返遭拒的寻求庇护者

英国在遣返遭拒的寻求庇护者方面记录尤其不佳。2006年英国内政部估计有十五万到二十八万八千名遭拒的寻求庇护者依然滞留英国，而要遣返他们则需十八年的时间。主要问题是要一个个地找到这些人——可他们当中很多人匿迹于同一族群的社团当中，通常非法地从事某些工作。同时，英国政府不得不在遣返遭拒的寻求庇护者以维护自身利益与冒险引发已在英国定居的几个少数民族族群内部的仇恨之间采取折中方案。在英国还有一些颇具声势的反驱逐出境运动，反对即便遭拒的寻求庇护者回国会面临迫害，也应把他们遣返回国。这些运动有时也情有可原。

在这样的情形下，“寻求庇护者”和“非常规移民”二词时常交替使用或许就不足为奇了。问题是这会转移人们的注意力，使他们无视寻求庇护者中不少人真的是为了生命或自由而逃离本国寻求保护的。值得关注的是，难民——有权在国际难民体系下受到保护的人——为了进入工业化世界的庇护体系冒着生命危险，而当他们一旦到了那里却又被视做非常规移民且被当做非常规移民来对待，这种情况越来越多。

第七章
社会中的移民

当前迫切需要讨论的议题之一就是移民对目的地国的影响。人数众多且还在增长的移民在同一时期源源不断地涌入发达的工业化社会,使许多社会面临着巨大的结构变化。其中包括了经济、人口以及技术方面的变化,这些变化正使社会、劳动力市场以及社区发生着转变。需求日增,基础设施建设亟待加大,社会和文化危机山雨欲来,境况已复如此,社会安全网络带来的痛苦变化则更是令形势雪上加霜。大环境是,全球经济风云莫测,人们的不安全感空前高涨。

移民问题和移民人群为当今社会的种种说不清、道不明的问题提供了看得见、摸得着而且是顺嘴就来的解释。这是许多工业化国家极端保守主义支持率上升的原因之一。然而,大量有关移民对社会的影响方面的学术文献是不是不偏不倚,这实在难以说清。要公正就要强调,静态方法或许无法完全反映移民影响的实际情况,因为情况会随时间变化,比如当移民在劳动力市场学会了新的技能和经验时,他们对社会的影响就会随之改变;要公正就应当认清,孤立地看待移民对变化的影响并将其与其他(如贸易自由化和私有化等)同样引起公众反对的方面分离开来难之又难;要公正就必须知道,移民和移民问题影响的大小会因为一系列因素(如移民的特点、在侨居社会的地理分布，以及那里潜在的劳动力市场的状况和社会关系)而大不相同。此外,移民的非经济影响,亦即其对政治、社会和文化的影响,代价如何,裨益几许,也很难量化。

移民的经济影响

移民对目的地社会的经济影响是一个备受热议的问题。总的来说,美国的学术讨论比欧洲的更为成熟,部分原因是,直到最近欧洲的政治和经济气候仍然使人很难就移民在经济方面所带来的利益进行讨论。情况也并非总是如此,二十世纪五六十年代,德国的客籍工人体系背后就几乎完全是经济利益方面的考虑。

首先需要讨论的是移民对经济增长的影响,这一争论未有定见,仍在继续。全球移民问题方面的杰出的经济学家乔治·布加斯称:“尽管在解释移民问题与经济发展之间的关系方面,近来的理论著作已经取得了长足进展,但实验性研究却是寥寥可数，所描绘出来的状况也毫无明朗性可言”[《经济展望杂志》,9/2(1995),39]。

认为影响是积极的那些人强调的是移民有从事低工资待遇工作的意愿,很多移民都表现出很强的进取心,稳定的劳动力供应也带来了灵活性。也有看法认为,移民增加了资本投资回报,对当地劳动者工资的影响微乎其微，他们的创业精神使工作机会得到了增加，他们的劳动力可以使一个国家的某一产业保持竞争力,如果没有这种劳动力,这个产业就可能会在国际竞争中一败涂地。在有些情况下,移民对来源国的积极影响也被持这方观点的人考虑了进去,第四章对其主要方面已经作了说明。

历史经验

近期历史当中的一些小插曲为评价移民的经济影响提供了一些有意思的例子。1962年,生活在阿尔及利亚的九十万来自欧洲的人迁移到法国，使法国的劳动力增加了百分之一点六。分析发现,此次移民的影响使移民定居区的工资最多下降了百分之零点八，失业率则最多上升了百分之零点二。1974年,六十万殖民者从安哥拉和莫桑比克这两个非洲殖民地返回葡萄牙。实证分析并未发现劳动力市场受到任何影响。1980年,约十二万五千名古巴人进入迈阿密,使劳动力增加了百分之七。针对移民活动对当地不同种族的非技术工人的影响,有人作出了评估,评估结果显示似乎只有古巴人受到了消极影响。

（联合国经济社会事务部,《世界经济与社会观察:国际移民》,纽约:联合国,2004）

美国及其他地区一些同样颇具声望的专家也提出了令人信服的观点,认为移民会对经济产生消极影响。他们强调的是,移民当中更高的失业率、大家庭的蔓延及随之而来的福利费用的增加，还有移民与已定居族群之间的竞争所带来的消极影响。大量低技术劳动力也会阻碍产业重构和重组。这种劳动力也会促使血汗工厂那样的工作条件出现,并削弱工会维护劳动力标准的权力。

在讨论移民对经济的影响的时候,有三个方面引起了特别关注,即移民对侨居国民众工作机会的影响、对其工资水平的影响以及对财政的影响(尤其是公共服务领域的财政费用)。

全球所有目的地国最难以释怀的一种担忧就是移民会从

本国国民手中抢走工作机会。这种担忧在许多欧洲国家尤为明显，那里的失业率相对较高，失业人口中长期失业者所占比例也相对较大。但实际情况却似乎并非如此。这是因为，全球大多数国家之所以接纳移民是为了填补当地劳动力市场的空缺（与此不同，难民是在人道主义的基础上而不是依据经济标准被接纳的）。这些空缺或者是技术性的，当地培训与教育体系无法填补，或者都是些地位低下的工作，当地人不愿去做。移民工人很少被鼓励去跟当地劳动力直接竞争。遍及工业化国家的广泛的比较调查显示，移民对当地人口工作机会的影响在中性到积极之间，因为移民能够促进经济发展，增加工作机会。

个体经营的外来劳动者和民族创业者

有关个体经营的外来劳动者的文献越来越多，他们在加拿大、丹麦、芬兰、西班牙、爱尔兰和英国多得不计其数。这些国家的移民当中之所以能有如此众多的个体经营者，主要有三个原因。首先是因为移民活动本质上是有倾向性的，移民本人更有活力，比起当地人更愿意冒险。另外一个观点是从反面来看的，即移民之所以成为个体经营者是因为种种障碍（遭受歧视、有语言障碍、信息渠道有限等）使其无法获得有薪水可领的工作。原因之三是移民社区经济活动的发展。民族创业的概念常常也被用来描述这类社区的活动。重要的是，它们的影响往往会波及到特定的种族社区之外，如印度、意大利、土耳其的特色菜肴起初主要由移民引入，供移民享用，但现在却成为了全世界饮食习惯中不可或缺的一部分。

在美国，讨论移民问题的关键集中在移民对工资水平的影响上。有些劳动力市场的特点与移民的特点非常吻合，处于这样的劳动力市场上的人要直接与移民竞争工作，他们最有可能感受到消极影响，这是举国上下的共识。也有观点认为，移民对未与之竞争工作的人有积极影响，这种消极影响因而被抵消，美国公司因为移民而利润增加，使本国有些人能够从中受益。

随着近些年来赴美低技术移民的增长，移民对美国本地低技术工人工资水平的影响受到了特别关注。在低技术工人中非裔美国人是最典型的代表，他们在整个劳动力市场中非常脆弱，因此移民对他们的潜在影响也就尤其突出。近期的调查结果既不完全清楚也不尽一致。一方面，在纽约所做的研究显示，就二十世纪八十年代和九十年代早期劳动力市场的参与程度和收入状况而言，男性非裔美国人的排名相对下降，据记录显示，当时正是移民入境最多的时期，而且其中很多都是低技术移民。另一方面，没有几项研究能够说明某种影响就完全是由移民造成的。换句话说，移民只不过是造成工资水平下降的众多因素之一，而要将移民的这种影响单独提出来看待是非常困难的。

讨论移民对经济影响的最后一个方面是移民对公共财政的影响。澳大利亚、德国、英国和美国等国各自的研究已经表明整体影响是积极的；总的说来，移民上缴的税金比他们所接受的服务费用要多。一般的说法是，大多数移民群体的年龄结构不平衡，处于经济活跃年龄的人占了主导地位，而且总的来看，移民的就业率较高。此外，目的地国通常无须承担抚养、教育和培训移民的费用。在很多情况下，它们甚至还不用承担移民的养老费用，因为移民退休后往往会重返故乡。

但也有一些重大的差别。比如,研究显示,移民在财政方面的积极影响对于美国这样的国家并不那么明显,因为美国没有面临严重的人口老龄化问题,但对于确实存在这个问题的许多欧洲国家还有日本而言,情况就不一样了。在新西兰所做的一项研究表明,全体移民使政府收入增加了三千二百四十新西兰元,但从亚洲和太平洋诸岛屿来的新移民所耗费用明显比纳的税要多。

上文讨论了移民的经济影响,所提到的一个关键点是,移民就业的程度究竟如何,而在这一点上存在一些重要的不定因素。在美国和欧洲,近期讨论的一大观点是,国际移民的特点业已发生了改变。家庭团聚意味着经济不活跃移民的比例增加。一段时期内被禁止合法工作的寻求庇护者的人数也在增长。更为普遍的是,在获得社会流动性和技能方面,新近几次移民不如早先时候的移民。

欧盟二十五国的移民人口的整体就业率为百分之六十一,低于欧盟平均水平。不过,就业率根据来源地的不同会有很大差别。来自西欧和南欧的移民的就业率高于欧盟平均水平,而来自世界其他地区的移民的就业率则较低。土耳其、中东和非洲移民的失业率尤其高。性别不同,就业率差异也很大。男性移民的就业率只是略低于欧盟男性的平均就业率,而女性移民的就业率则低得多。

同时也应该注意到,本地和城市层面上的研究未必能够在移民就业率和财政影响方面得出同全国研究一样的结果。比如在地方政府这个层面上,在许多主要的欧洲城市,移民对公共服务领域的预算的影响是负面的,这主要是因为某些移民社区的失业率较高。威廉·克拉克在美国新移民入境的九个主要城市所做的调查显示，相对于当地人而言，移民的技能和收入下降，贫困和依赖程度加深，这种差距与日俱增。克拉克所作的进一步分析表明，某些地区、族裔或民族团体尤其存在这些问题。比如，洛杉矶县①的非技术性墨西哥移民就尤为贫穷。

很有必要以最后一项评述来结束本节，那就是，上述这类学术调查与公众甚至政治观点之间常常存在分歧。有些调查能够毫不含糊地得出这样的结论：移民有功于经济发展，不会抢夺工作机会，不会降低本土劳动者的工资水平，而且成本大大小于收益。尽管如此，可人们还是不一定就真的这么看待移民。在美国和欧洲，公众对移民规模与高失业率之间的相互关系一直持负面看法，尽管二者并无直接联系。同样，在马来西亚和南非，移民也经常因为失业问题而受到指责。

第二代和第三代

近来，移民的子女乃至其子女的子女，即移民的第二代和第三代的经济表现广受关注。第二代和第三代移民可能在政治上被剥夺了选举权，在社会和文化方面遭到了孤立，凡此种种，不一而足，但谈及近来不同欧洲国家移民后裔骚乱的原因，人们说得最多的还是他们在经济上受到的排斥。

就此问题进行讨论的专家可以分为两派。乐观主义者认为，根据赴美国、加拿大和澳大利亚的欧洲移民的经验，尽管第一代移民会遇到一些经济上的劣势，但后续几代将会在同一起跑线上参与竞争。他们列举了很多例子来说明第一代移民为何会在劳动力市场举步维艰，这包括国外资历不被充分认可，语言不够流利，以及在目的地劳动力市场上缺乏经验。他们认为，

① 美国的县为州以下的行政区。——编注

这些原因不再像以前那样适用于第二代移民。相反,悲观主义者认为,这条历史经验恐怕不能适用于近期移民,尤其不适用于那些来自欠发展国家的移民以及那些仍将遭受歧视的少数族裔。

牛津大学社会学家安东尼·希斯教授最近与同事共同就此话题作了一个广泛的国际性比较分析,目的是确定他们所谓的种族苦难的程度及其成因。他们对比了澳大利亚、加拿大、以色列、美国、奥地利、比利时、法国、德国、荷兰、瑞典、英国和南非的欧洲和非欧洲第二代和第三代后裔的失业情况。

他们的研究结果完全验证了早先的研究。在所有研究对象国中,欧洲移民的第二代基本上没有遭受种族苦难——换句话说,他们的就业率与本土劳动者的就业率一样,甚至更高。然而,同样是在这些国家,非欧洲移民的第二代的确是遭受了种族苦难。这在奥地利、比利时、法国、德国和荷兰尤其严重。解释国家间差别的一个因素就是当地的失业状况——失业率最高的地方似乎种族苦难也就最为深重。

由于牵涉到的变量很多,这类研究都难以对结果进行权威解释。不过,所提到的因素包括了歧视,某些国家普遍的种族主义,劳动力市场的灵活性以及诸如信息、人脉、志向及社会认同之类的人力资本因素。研究的总体结论之一是,正如研究结果中美国的非裔美国人的经历所展示的那样,要克服过去的影响非常困难。

上述以及类似研究的结果中引人注目的一个方面是,不管融合政策的宗旨如何,非欧洲移民的第二代都会经受种族苦难。因此,非欧洲移民的第二代不管是在主张社会同化的法国还是在主张多元文化主义的英国,日子都不好过。哪种模式都不见得多么有效，这种看法正在赢得越来越多的支持。相反，有观点认为，实现融合的最佳途径是集中解决那些并不那么抽象的、更加实际的问题，尤其是在语言学习、培训教育，劳动力市场与经济参与、医疗及其他关键的社会服务，以及参与社会和政治生活等方面给移民以实惠。有人甚至认为美国在融合问题上比其他大部分国家做得都要成功，因为联邦政府采取了不干预的方针，既培养了移民的自立精神又使移民社区能够产生自己的领头人。

移民和政治

在整个西欧，穆斯林移民及其第二和第三代都受到了过高的失业率的影响，其中很多人的境况因为教育和住房问题而雪上加霜。这些潜在的社会和经济方面的紧张局势，近些年来因为与英国拉什迪事件、“反恐战争”、阿富汗和伊拉克战争相关的高度政治化的身份问题而变得更加纷繁复杂，其结果之一，斯蒂芬·卡斯尔斯和马克·米勒在《移民时代》一书中如是说：“尽管绝大多数穆斯林移民对宗教激进主义敬而远之，西欧无疑还是受到了席卷穆斯林世界的宗教热情浪潮的影响。”

然而，有关移民对侨居国政治影响的文献远不止这些，宗教激进主义的抬头仅仅是其中的一个方面。移民和政治的另外一个交汇点就是反移民极端主义势力的增长。反移民的政治运动在过去十年里几乎已经遍及欧洲。其中最突出的要数法兰西民族阵线，其领导人勒庞在 2002 年第一轮总统大选中击败了社会党候选人利昂内尔·若斯潘，赢得了五分之一的选票，整个欧洲为之震惊。比利时弗拉芒集团获得的支持也有大幅增长。约尔格·海德尔反移民的自由党在奥地利与人民党组成政府，尽管海德尔本人2000年就已经从党主席任上退了下来。北方联盟、意大利力量党以及新法西斯主义民族联盟对移民的强烈反对在意大利这几大党派的命运起伏中举足轻重。2001年皮姆·佛图恩及其反移民的政党在荷兰兴起，令许多观察家大感意外。在欧洲以外，保利娜·汉森的单一民族党1998年在澳大利亚昆士兰州赢得了引人注目的政治胜利，在州选举中获得了近百分之二十五的选票并且赢得了十一个席位，但她此后便退出该党，现为无党派人士。

另外，有学者认为，右翼政党的抬头在整个政治领域都产生了反移民的影响。比如有人提出，随着民族阵线支持率的上升，法国社会党的移民立场也随之右倾。不管这种分析是否准确（有些专家对此做出驳斥），很明显，这些党派的胜利已经成为移民问题在整个工业化世界的政治日程表上排位上升的重要原因。

除了催生新党派、引发新话题，学术文献还指出了移民对目的地国的政治和政治体制产生的至少两个方面的影响。关于移民及其后裔的参政权和代表权的讨论非常激烈，在比利时、法国和荷兰这几个移民无法获得国籍的国家尤其如此。二十世纪七八十年代，由于无法通过政治代表权的正常渠道来表达意见，他们通过参与工业罢工、抗议活动、饥饿罢工以及城市骚乱等方式团结起来施加影响。

近些年来越来越多的欧洲国家已经给予了移民一些政治权利，包括在地方（并非全国）选举中的投票权和竞选公职的权利。这主要是因为人们越来越清楚地认识到，移民的长期居住是一个永久现象。有人认为，在自己居住的社区享有参政权是一项基本人权；也有些观点认为，不让移民获得参政权会导致社会局势紧张并引发冲突。在欧盟各国，所有欧盟公民现在都有权参加选举，也有权在所在国对当地及欧洲选举进行投票。有些国家（包括丹麦、芬兰、爱尔兰、荷兰、挪威和瑞典）允许欧盟国家以外的外国居民在地方选举中投票及竞选职务，前提是他们在这些国家居住已满一定年限。在其他一些国家（包括葡萄牙、西班牙和英国），在与相关国家达成相互协议的基础上，某些公民可以享有地方选举权。

移民对目的地社会政治的另外一个潜在影响是通过在身为移民后裔的公民中组成种族投票团队而实现的。在以色列，来自苏联的犹太人或许就是最好的例证，他们约占到以色列选民的百分之十五，1992 年以来对每次大选的结果都有决定性的影响。在 1996 年公投决定魁北克在加拿大的未来时，魁北克的移民人口投票反对独立从而影响了公投结果。在 2002 年德国势均力敌的大选中，三十五万土耳其裔的德国人也成为重要的投票团。由于这种潜在的影响，政党越来越注意吸引移民出身的选民，英、美两国就是如此。

美国某些州的拉丁投票团的潜力让政治家们左右为难。一方面，对墨西哥的非常规移民采取强硬立场会赢得大量政治资本；另一方面，拉丁裔选民的选票还不能不要。除了波多黎各，约有四千二百万拉丁人口居住在美国——约占美国人口的百分之十四。在诸如加利福尼亚和科罗拉多这样的美国各州，拉丁裔选民的选票至关重要，而且有人认为，在全国范围内，拉丁裔选民的选票甚至能够决定能否控制众议院。此外，由于美国三分之一的拉丁裔居民尚不满十八岁，拉丁裔选民的选票未来可能更加不可小觑。

减少人口赤字

新近出现的一个话题是，移民到底能在多大程度上有助于解决与所谓人口赤字相关的问题：越来越多的工业化国家同时面临人口减少和老龄化的问题。出生率较低、平均寿命增高、医疗条件不断进步，三者合起来使问题更加严峻。年轻人越来越少，老年人的比重却越来越大，很多老年人退休之后还有三四十年的寿命。换句话说，经济上活跃的人（可以工作、能够使经济持续发展并且纳税的人）越来越少，而不再工作却期待着养老金并且越来越依赖福利体系来为其医疗和社会保障买单的人却日益增多。总之，年龄越大就越是需要更多的关注。

英国的养老金危机

本章的撰写正值 2005 年年底，此时英国的养老金危机已达顶峰，上了报纸头条。似乎可以肯定，未来数年这一问题仍会高居政治议题榜首。问题的核心是纳税人数量之少已不足以养活英国靠养老金过活的人，而两者的比例正在变得越发于形势不利。1960 年每位领取养老金的人由 4 位工作着的人来供养。到 2005 年则只有 2.7 个。据估计，到 2050 年每位领取养老金的人只有 1.1 位工作着的人供养。英国并非唯一一个面临一触即发的养老金危机的国家。

人口赤字在欧洲是一个特殊的问题，每个欧洲女性平均只生 1.4 个孩子，而据估计，要更新当前的人口她需要生 2.1 个。就像中国和日本一样，欧洲人口因此而减少，而且过不了多久俄罗斯也会有同样的问题。实际上，全球百分之四十以上的人口都居住在人口缩减的国家。同时也有一些重大差异，如某些欧洲国家所受到的影响就远没有那么严重，而美国本土人口已出现增长的势头。

大多数评论家认为移民不失为减少人口赤字的一种途径，尽管当前就其作用大小尚莫衷一是。只要移民正当工作年龄而且能够找到工作，只要他们合法工作以便纳税，他们就会对因为适龄工作人口不足而受到影响的国家作出贡献。有些人据此认为接纳更多的移民劳动力符合这些国家自身的经济利益。没有劳动力的迁移，它们将无从保持现有的养老金和福利水平。

与之相反的观点则认为，引进劳动力只是解决劳动力老龄化和缩减的短期策略。这是因为移民毫无疑问也会变老。此外，有证据表明，即便他们来自出生率较高的国家，他们还是会调整出生率与所在国的情况相适应。因此，到头来移民也同样会加大老龄一代的人数，其子女纵然愿意接替他们为其福利买单，但也是心有余而力不足了。

共识似乎是，移民并不能“包治百病”，仅此一招无法减少人口赤字。不过在一系列必要的应对方案中它倒是不可或缺。其他方案包括，增加能够鼓励女性生育的措施（如放宽产假期限等），提高退休年龄以延长人们的工作时间，提高本土人口失业率较高的国家的就业率，还有就是通过技术创新来提高生育率。还有一项令人不那么容易接受的选择，即减少养老金和各项福利，或者就是降低富裕程度。

丰富社会和文化

尽管移民问题有着明显的学科交叉的性质，但有关移民的经济方面的研究与其他方面的研究之间相对来说却很少有可资相互借鉴之处。虽然要评估移民的非经济影响很难，但这些

图 13 英国伦敦莱斯特广场展现出的种族多样性

影响还是必须纳入移民在社会中的总体影响来综合考虑。

移民在全球范围内对社会和文化产生了影响，其最令人注目的方面是使社会和文化更加多样化，更加兼容并蓄。例子实在是不胜枚举。五花八门的音乐风格，如爵士乐、雷盖乐，还有旁遮普乐均源自移民。本·奥克瑞和萨尔曼·拉什迪是世界有名的移民作家，而移民经历也激发了大量的后殖民时代的文学创作——哈尼夫·库雷西的《郊区佛陀》、扎迪·史密斯的《白牙》、莫尼卡·阿里的《砖巷》都堪称典范。阿尔伯特·加缪曾是居于阿尔及利亚的法国人。人们常说马沙拉[①]烩鸡这道印度菜现在已是英国最吃香的菜肴了。在加利福尼亚和佛罗里达的某些地区，西班牙语是现在最为通用的语言。世界各地的体育俱乐部引进了核心队员，而国家队则吸收了他们的后代。齐内迪纳·齐达内也许是他那一代最棒的足球明星，他是阿尔及利亚人的后

① 印度及其周边地区盛产的一种红茶。——编注

裔，代表的却是法国队。

随着移民人口自身变得更加多样化，这种影响也随之越发巨大。英国就是一个很好的例子。一百多年间，大量的爱尔兰人移民到英国，他们仍然是那里最大的外来公民群体（2003 年英国约有三十七万五千名爱尔兰人）。二十世纪五十年代以后，来自前英国殖民地（印度、巴基斯坦、牙买加以及其他一些加勒比岛屿）的移民数量庞大。1970 年以来，来自澳大利亚、加拿大、新西兰及南非的移民受到了积极鼓励。近年来，这些本已多样化的社会因为来自更多不同国家的人的加入而更加多样化。比如，二十世纪九十年代以来，由阿富汗、中国、伊拉克、科索沃地区和索马里到达英国的移民人数众多。有些人将当今英国的情况称为“超级多样化”。

同时，多样化程度的加深也会带来严峻挑战。由法国的头巾之争（见下文）足见多样化要与传统的民族原则相适应是多么困难。更实际可行的事，比如在英国或美国教三十人一班的小学生（其中有些在家说乌尔都语）就已经够难的了。两个孩子在家说乌尔都语，三个孩子因为刚从索马里来根本不会说英语，还有两个以汉语为第一语言，这样的班教起来又是另外一种挑战。不过，总的来说，能够成功应对多样化所带来的挑战的社会从中得到的益处不可估量。

法国的头巾之争

2004 年 2 月法国通过了一项法令，禁止在公立学校佩戴明显的宗教标志。尽管该法令也要求锡克教男孩不得佩戴缠头巾，但大多数因之而起的争论都是围绕着穆斯林女子佩戴头巾（亦称“海加布”）的问题。法国政府在试图使宗教人口融入世俗社会方面陷入两难境地，而围绕这些宗教标志的争论可谓正中要害。该法令的支持者认为，学校应该是一个中立的环境，所教的、所反映的应该是宗教与教育分离、共和主义和公民义务的原则。相反，反对者认为该法令带有歧视色彩，尤其是为法国的反穆斯林和反阿拉伯情绪火上浇油。

对多样化的正面和负面影响感受最深的主要是一些大城市，尤其是像纽约、伦敦及香港特别行政区这样的所谓国际化城市。移民至少在三个方面成为了这类城市特色的不可分割的一部分。首先，国际化城市尤其依赖高技术移民和公司内部调动人员来促进国际金融、法律服务，以及像会计、广告和保险之类的高级商业服务的繁荣，这些领域正是国际化城市经济地位的基础。其次，移民通常也干一些任何城市都必须赖以运行的地位低下的工作，如运输、垃圾处理、接待、建筑、饮食服务等。

最后，由于工作机会的关系，国际移民越来越集中在国际化城市及全球其他一些大城市。由于倾向于在自己的社区安家，还有就是在靠近可以提供当地机构难以提供的特别帮助的地方（如教堂、清真寺和社区中心）安家，移民通常会聚居在某些特定的区域。移民社区集中的现象给全球主要城市增添了鲜明的色彩和特色，形成了闻名世界的一些街区，如纽约和伦敦的"唐人街"和"小意大利"。同时，移民会聚居在这些城市最贫穷的地方，形成通常所说的贫民窟。

城市中的移民

移民集中在全球城市中最贫穷的地方，这样的例子数不胜数。巴黎和法国其他主要城市贫穷的市郊住的主要是阿尔及利亚人和其他北非人口。孟买的达拉维被认为是世界上最大的贫民窟,那里的主要语言为泰米尔语(印度南部和斯里兰卡的移民都住在那里)。在曼谷,缅甸移民主要居住在孔堤的贫民窟。许多巴勒斯坦人还住在约旦首都安曼脏乱不堪的难民营里。约翰内斯堡的一个违章搭建居住区布罗，主要住着来自尼日利亚的移民还有说法语的非洲地区的移民。住在哥斯达黎加圣何塞的非正式居住区的人一般来自尼加拉瓜。孟加拉人、阿富汗人和缅甸人喜欢住在巴基斯坦卡拉奇的巴尔迪亚镇和奥兰支镇未经规划的区域。

移民还可以通过形成新的跨国身份这种方式来丰富社会和文化。第二章提到,有人将跨国主义视为政治问题,因为它会潜在地削弱对国家的忠诚。同时,根据跨国主义杰出的理论家史蒂夫·韦尔托韦茨的观点，跨国主义具有潜在的变革社会和文化的影响。首先,跨国移民创造了跨越国境的新的社会结构。其次,随着具有双重或多重身份的移民的增加,跨国主义催生了新的意识。第三,跨国移民提供了文化繁衍的模式。跨国移民在新语境下对其文化进行阐释和糅合，创造了新的杂交文化。第四,跨国移民会成为资本新来源的核心,移民汇款回家就是一个好例子,这在第四章有详尽描述。第五,跨国移民为政治斗争提供了新战场。尤其值得一提的是,他们可以齐心协力在国外对本国政治施加影响。最后,有人认为,跨国主义会导致地方和区域重建。换句话说,移民会改造目的地社会以慰思乡之情。

也有针对跨国主义这一概念的批评。有人说以上描述的种种过程毫无新意;有人说这些都是夸大其词,对世界上大多数地方的大多数移民都不适用。尽管如此，就连那些最激进的批评家或许也会同意，移民与全球化相互交织，使目的地国的社会、文化、经济都发生了改变。这些改变不可逆转。

第八章

国际移民的未来

国际移民的未来变幻莫测，难以预料，希望本书对此已经做了足够的说明。概念上和数据方面的问题意味着要说清什么人算是移民、究竟有多少移民都非常困难。移民问题与更为广泛的全球经济和社会变化相互交织、密不可分，其发展状况有可能发生突变。与移民入境及入境后地位密切相关的移民和难民体系会受到时常变化的国内政治议程的影响。移民政策未必总能达到预期效果。对于移民的第二代和第三代来说，移民所隐含的意味根据国家和人群而各有不同，因而不能一概而论。

同时，要辨清移民模式、移民进程及移民政策当前的趋势还是有可能的。这种种趋势可能会对未来几十年国际移民的状况产生影响。通过逐一讨论以前各章的主题，本章作为最后一章将要指出和讨论某些趋势。

亚洲移民

多数批评家都会同意，本书第一章所指出的移民问题的变化发展还将继续。在可预见的将来，国际移民在规模和多样性方面或许都会继续发展并直接或间接地影响全球每一个角落。国际移民中女性的比例将会加大。短期移民和循环移民似乎势必将成为更具主导地位的移民模式。伴随诸如高技术移民的增长等利好因素，国际移民促进全球经济增长的潜力会更加巨大。同样，由于超级多样化的进一步加深，移民所带来的社会挑战也会更加严峻。换言之，移民问题仍将是一个举足轻重的问题。

也许，在可预见的将来，没有什么地方的移民问题比亚洲的更重要。二十世纪七八十年代，来自亚洲的国际移民增长迅猛，其目的地主要是北美、澳大利亚和海湾各国。2000 年美国的亚洲移民超过七百万——作为移民来源国，中国每年入境美国的移民在人数上仅次于墨西哥。根据经济合作与发展组织的估计，澳大利亚的亚裔人口超过一百万，即移民总人口的四分之一，或全国人口的百分之五，而在海湾各国工作的亚洲移民则至少有五百万。

不过，当前移民的主要增长却是在亚洲内部。据估计，2000 年在异国就业的亚洲人达六百二十万，但并未超出亚洲范围。根据国际劳工组织的估计，尽管受到 1997 年到 1999 年亚洲金融危机的影响，1995 年以来亚洲内部的求职务工移民每年仍以约百分之六的速度增长。主要来源国是那些劳动力极大过剩且又相对贫穷的国家，以菲律宾为典型，也包括孟加拉国、印度、印度尼西亚、巴基斯坦和斯里兰卡。其主要目的地为“亚洲四小龙”或东亚的新型工业化国家，包括日本、马来西亚、新加坡和泰国。

国际移民的增长潜力非常巨大。东亚和东南亚的经济发展丝毫没有放缓的迹象，因此这些地区势必会吸收更多的移民工人。中国现已超过日本，成为全球第三大贸易国。这种变化的发生也仅是二十年间的事，主要是集中在珠江三角洲和长江三角洲。珠江三角洲的劳动力已显不足，估计短缺约两百万。为了与长江三角洲竞争，珠江三角洲不得不将目光投向西部以寻求劳动力，先是西部各省，再是亚洲其他地区甚至是撒哈拉沙漠以南的非洲。该地区的劳动力似乎与需求同步快速增长。印度次大陆有大量富余劳动力，迁移的迹象也越来越明显。菲律宾和印度尼西亚的人口也有不少增长，而两国都将劳动力输出视为未来经济发展策略中的重要组成部分。

亚洲移民之所以引人注目，还有一点就是其多样性。第一章讨论的移民发展变化的种种情况它大多吻合。女性移民比例上升，因为该地区移民劳动力所从事的工作很多都是在家政、娱乐、接待、服装和电子装配等行业。下面我们将看到，前往北美的高技术移民和学生移民的增长尤其明显，同时仍有大量的非常规移民、难民和“国内流离失所者”。短期移民仍是该地区的主要模式，绝大多数劳动力移民都是以合同为基础的，因为大部分亚洲国家都坚决反对移民永久居住。

内部移民

第二章旨在解释为何概念方面的挑战、数据难题及各国不同的政策意味着对移民进行界定很难做到直截了当。一如本书主旨，第二章的重点完全放在了国际移民上。然而，一旦国内移民也被牵涉进来，则定义起来就更为复杂：他们的数量多之又多，而对其进行统计的国家则少之又少；他们迁移的目的也同样多种多样；有时要将他们与国际移民区分开来非常困难，在边境变更、边境不明确或边境检查松懈的地方就是如此。

据估计，仅中国一国的国内移民就有一亿四千万，而全球的国际移民也不过就是两亿。另外，在未来几年里，国内移民的增长速度势必比国际移民还要快。未来二十年里，仍将有三亿中国人会在本国迁移——换句话说，仅中国一国的国内移民数量就将增长三倍。

仅规模本身就使国内移民理应受到比现在更大的关注。但是，国内移民之所以会对国际移民的未来形势产生举足轻重的影响，原因在于，国内移民往往是国际移民的前奏。换句话说，从乡村迁移到城镇的人往往随后会移居国外。解释有如下几条。一是，国内移民是社会中较有创业精神的人，这些人能自主决策，相应地会不畏艰难再度越境迁移。另外，他们具备移民的直接经验；由于移居城镇，他们通常也会接受更多的教育，获得更多的信息，收入也更高，对交通方式的选择也更广。国内移民尤其能使女性获得更大自由，因为比起农村，城市通常没那么保守，男权意识也没那么强，女性因此有机会接受更好的教育、参加工作并变得更加独立。

国内移民也会促进发展。据估计，国内移民近年来每年对中国国内生产总值的增长所作出的贡献高达百分之十六。主要原因是，国内移民是缓解某些地区失业状况和填补其他地区劳动力市场空缺的一种途径。为数有限的调查显示，国内移民给家里的汇款也相当可观。根据一项估计，中国国内移民每年寄回家的钱相当于三百多亿美元——主要由移居城市的农民工寄回农村地区。他们的汇款有助于缩小中国的城乡收入差距，缓解地区财富不均的状况，改善农村的贫穷状况，支付教育和医疗费用，以及促进消费和投资。

高技术移民

第三章展示了全球化的方方面面对移民的影响。在可预见的将来,全球经济结构性的不均衡会继续存在并继续导致移民活动,而通讯和交通的革新以及移民网络和移民产业的发展势头还将进一步为移民大开便利之门。移民问题与全球化将继续相互交织,不可分割。

引人注目的是,全球化也意味着有些人比以前更具流动性,尤其是那些有一技之长的人。尽管高技术移民在移民总数中所占比例相对较小,但其影响却会日渐扩大。换言之,高技术移民的经济意义远远胜过其数量意义。高技术移民造就了理查德·佛罗里达所谓的改变工作、休闲、社区以及日常生活的新"创新阶层"。值得注意的是,佛罗里达在其颇具影响的《创新阶层的崛起》一书的姊妹篇《创新阶层的迁徙》中描述了这些专业人员中间日渐增长的流动性。

同时,发达经济区域的变革(金融领域及其相关服务的发展,工业与服务业对科技依赖程度的加深,因人口赤字引起的对医护人员需求的加大,为保持竞争优势对教育和研发的重视)使各国提供更加优厚的条件从全球有限的技术人员储备中吸引专业人员。各个富国已经卷入了某些评论家所谓的人才争夺战之中,这似乎会决定未来移民政策的状况。在他的第二本书中,佛罗里达引用了当时新西兰研究、科学与技术部部长皮特·霍奇森的话:"我们不再认为移民政策的作用是把守门户,而是将其看做经济发展所必需的吸引人才的途径。"

主要的新趋势之一就是,美国不再像在二十世纪大部分时间里那样,认为自己必定能把世界上最优秀、最聪明的工人和学生吸引过来。在过去几年里,法国、德国、荷兰、英国等国的政府已经意识到有必要放宽高技术工人进入本国的限制条件,并相应地调整了本国的政策。欧盟正在考虑向高技术工人颁发

“求职许可证”。2001年以来，澳大利亚允许外国学生更加便利地进入劳动力市场，而不是要求他们回国。部分是为了应对日益激烈的竞争，美国议会在2005年投票决定将H-1B签证的年度配额由六万五千提高到九万五千个，这个数字在未来几年似乎还会增长。

由于失业率居高不下，近年来德国堪称招募技术工人的沃土。2005年，澳大利亚、新西兰和加拿大都积极从德国引进技术移民。但是，网罗人才的现象并不仅限于工业化社会，中国、印度和东亚也同样如此。除了吸收国外的技术工人，澳大利亚和新西兰也有吸引本国人才重返故里的招募计划。

相关的一个趋势是对外国学生的争夺日渐激烈。原因之一就是，在大多数国家外国学生的学费远远高于本国学生，而且招收他们对大学院校而言是一项不错的投资。更长远的考虑在于今天的外国学生就是明天的技术移民。经济合作与发展组织2005年的一份报告显示，澳大利亚、法国、德国、英国和美国吸收了来自其成员国百分之七十的外国学生。2004年，仅美国一国就招收了五十六万五千名外国学生，其中半数以上来自亚洲国家。然而，近年来美国的份额有所下降，主要是因为“9·11”以来的签证政策使某些国家的学生求学美国的难度加大。同时，随着国内大学水平的提高，来自中国和印度这两个全球最大的留学生来源国的学生人数已经变得毫不稳定。这种竞争会在很大程度上改变美国和欧洲未来几年的学生政策。

短期移民

第四章集中讨论了移民影响来源国发展的种种方式。首要主题还是汇款，根据所有的估计，汇款还会进一步增长——世界银行2006年的初步估计认为，全球正式汇款的规模达到两千五百亿美元。流散移民的影响也会扩大，因为越来越多的来源国意识到他们的潜力并且努力发挥他们的力量。

返乡移民也势必会增长，正如第四章所提到的，返乡移民可谓应对人才流失的最佳长期方案。原因之一是，世界上越来越多的国家正在出台短期移民政策，意义在于允许移民工人短期居留，然后按协议返回本国。这些移民政策对于高技术工人和低技术工人同样适用。

二十世纪九十年代初，德国成为世界上最大的短期移民接收国，至今每年仍有二三十万短期移民陆续进入该国。如今美国接纳的短期移民数量最多——二十世纪九十年代初以来，数量已经是之前的四倍，每年超过五十万。在工业化国家中，日本位居第三，每年约二十万。尽管总体数量已明显减少，但是随着吸引短期劳动者的新政策的出台，在其他一些发达国家，尤其在欧洲，短期劳动者入境也有所增长。

另一个获得短期外国劳动力的途径是使非常规移民常规化并授予他们有限期的合法工作许可证。2005年西班牙使约七十万非常规移民常规化，其中没有一人获得合法的永久居留权，其背后的驱动因素就是为了获得短期外国劳动力。美国国会2005年的科宁－凯尔法案使一项短期劳动者计划应运而生。该计划将对首批回国的非常规移民开放，但还是不允许他们永久在美国定居。马来西亚从印度尼西亚、孟加拉国和菲律宾吸引了数十万的劳动力，该国现在也在尝试使自己的非常规移民变成合法的短期劳动者。2004年，马来西亚政府宣布，允许非常规移民不受惩罚地在年底离开本国，允许如期离开的移民通过正常渠道重返马来西亚工作。由于海啸的影响，离开印度尼西亚的最后期限被推迟到 2005 年。

对于目的地国而言，短期移民的优势是，它可以在特定时期和特定地点填补劳动力市场的某些空缺。短期移民也可以避免社会融合的长期挑战，这也就缓和了目的地国国民对移民的消极态度和反应。对于来源国而言，短期移民能够降低本国的失业率并通过汇款促进资金流入。移民会在一定期限后重返家园，人才流失的长期影响从而得以避免，此外，由于移民回国带来了新的技术，来源国也会因此受益于“人才回流”。

就短期移民政策还有两点主要的疑虑。一是它并非始终维护移民的权利。人权倡导者经常会就某些问题表示关切，例如有关海湾国家家政服务合同工的待遇问题。即便是在那些直接剥削并不严重的地方，有些评论家相信短期移民政策会不可避免地导致两个层次的移民产生——可以完全融入当地社会并享受融合所带来的好处的永久移民和因为要确保返回本国而使自己边缘化、远离主流社会的短期移民。

返回本国的问题是讨论中的第二个主题。质疑者以欧洲早期短期移民政策的发展为依据——本应是短时间停留的“客籍工人”最终都永久定居在了法国、比利时，尤其是德国这样的国家。对这种情况，有这么一句时常被引用的老话，“没有什么比短期移民更长久的了”。瑞士小说家马科斯·弗里希的另一句话也有助于解释这个问题：“我们要的只是在这儿短期干活的，得到的却是在这儿永久生活的。”换句话说，人们一旦有了一份不错的收入，有了安身之所，建立了社会网络——简言之，一旦人们开始有了“家的感觉”——他们大概就不会如人所愿，再想着返回故土了。

从控制非常规移民到管理非常规移民

希望第五章已经明确地说明了对于受影响的各方非常规移民都是一个严重的问题，尽管未必像媒体和有些政客所强调的那样。抵制非常规移民的努力在全球移民政策议程上仍将占有突出位置。不过近年来不管是政策制定者还是学者，在此问题的措辞方面已经有了微妙而又意义重大的改变。过去人们说的是控制非常规移民（事实上主要是指国际移民），现在则倾向于说管理非常规移民。

其中的言外之意倒不是说各国对非常规移民不再那么重视了。据估计，仅 2002 年一年加拿大、德国、荷兰、英国以及美国在应对非常规移民的问题上总共花费了约一百七十亿美元。同时，越来越多的人认识到，非常规移民不可能被完全制止。它将继续成为国际移民未来的重要组成部分。

一个原因就是，决定国际移民规模（包括非常规移民）的各种力量非常强大，如不同社会日益加大的繁荣程度及人身安全等方面的差距。第二个原因是，有些国家缺乏解决非常规移民的政治决心。这主要是指某些非常规移民的来源国，在这些国家非常规移民不无裨益，既能缓解失业压力又能提供汇款和海外投资的来源。即便是在目的地国，从经济方面看，人们也会认为非常规移民发挥了不小的作用。随着管制的放宽、自由化的提高以及灵活性的加强，对不同形式的、条件无保证的无技术和半技术劳动力的需求日益加大。非常规移民提供了廉价劳动力，而且通常愿意做那些常规移民和本国国民所不愿意干的工作。

第三个原因是，旨在减少非常规移民的政策有时不会奏效甚或还会带来不良后果。尽管其间纠葛难有明证，许多学界专家认为欧洲加大对寻求庇护者的限制力度，后果之一就是助长了移民偷渡。简言之，问题的关键是人们想要继续进入欧洲——有些是为了免遭迫害，有些是为了寻求工作。如果他们无法通过申请庇护合法地完成心愿，他们就会通过蛇头非法地达到目的。

长期看来，诸如边境隔离墙、生物测试还有签证都不可能减少非常规移民。也许，这些手段要真正奏效还需与其他一些能够治本的积极主动的措施相配合，包括实现发展目标以加强安全并提高来源国的生活水平，以及提供更多的合法移民机会等。同时，期望各国会完全解除控制、开放边境是不现实的，有时倒真是有这样的倡议。大多数评论家现在都认为非常规移民在可预见的将来仍会继续存在。

内部的流离失所

第六章最引人注目的信息，同时也的确是当代国际移民活动中值得大书一笔的，就是全球难民和寻求庇护者的数量已经明显减少。难民人数达到二十五年来的最低水平，欧洲的庇护申请也只是十五年前的一半。

这正是国际社会时下对国内流离失所者予以更大关注的原因之一。还有就是，与难民不同，他们的数量已经迅速增长。据估计全球因战乱而无处安身的流离失所者多达两千四百万。还有比这多好几百万的人因为环境因素而被迫迁移——2004年年底对斯里兰卡和印度尼西亚打击尤甚的亚洲海啸，2005年8月将美国墨西哥湾沿岸化作一片废墟的卡特里娜飓风，2005年10月巴基斯坦北部的地震（其间好几百万的人背井离乡），还有数百万人因为诸如建设大坝和新城市之类的开发项目而背井离乡。

此外，近年来国际社会显示了干预国内或他国主权事务的意愿——不仅提供人道主义援助也促成一些改变。政治科学家们认为，与此同时，主权的概念正在改变，越来越多的国家意识到主权不仅意味着权利同时也意味着保护国民的责任。如果某个国家保护乏力，它就应该向国际社会寻求帮助。

由于这些原因，国际难民体系开始将国内流离失所者纳入其中，尽管给予的关注还很有限。一方面这意味着一个新公约的产生和联合国一个新部门的创立。另一方面，联合国已经出台了《关于国内流离失所问题的指导原则》。尽管这些原则同公约一样不具法律效力，但仍被广泛认为是国家法律和政策制定的准绳。另外，许多联合国机构，包括联合国难民事务高级专员公署正在正式地扩展自己的活动以便承担一些处理国内流离失所者问题的责任。

争议也并非就没有。有人认为需要有更正式、更具约束力的应对方案——为什么针对九百万的难民有一个庞大的联合国机构，而两千四百万国内流离失所者却没人管？也有人反对说，国内流离失所者都是各自国家的公民，在他们的国家也有许多没有进行过内部移民的穷人，他们的需求不应凌驾于那些穷人之上。第六章解释过，联合国难民事务高级专员公署已经面临预算危机，而且批评家们会说该机构尚不能始终有效地完成自己在难民方面的使命，怎么能指望它再去保护并援助上千万的国内流离失所者？不管决议如何，在联合国以及其他一些人道主义机构的议程上国内流离失所者正在迅速受到关注，在未来数年里这一问题将非常突出。

尊重移民

第七章介绍了围绕移民对侨居国经济、政治、社会和文化影响的主要讨论。随着移民规模的进一步扩大和多样性的进一步增加，毫无疑问，各个社会将会继续积极应对融合的挑战，同时也会根据新的全球经济现实、新的安全原则和基本的人口变化做出调整。设在华盛顿特区的颇具影响的移民政策研究所组织了一项调查，调查中移民问题专家讨论了 2005 年十大移民问题，其中位居榜首的是穆斯林融入欧洲社会方面的挑战。尽管与 2005 年的许多特殊事件明显相呼应（伦敦地铁爆炸案，荷兰谋杀电影制片人提奥·凡·高的第二代摩洛哥人被判终身监禁，巴黎及法国主要城市弱势移民社区长达两周的骚乱），但这还是说明了融合问题已经上升到了政治议程的榜首。

然而，不少评论家担心，移民的权利可能会被归并到更为广泛的国家和国际经济、政治，尤其是安全等忧虑中去。维护移民权利在可预见的将来会成为移民政治的重要组成部分。

尽管第七章提供了移民广泛成功的范例（侨民企业家、高技术人员及跨国移民），该章同时也提醒，有些移民团体会面临失业或者做地位低下的工作，居住条件也很差。大量证据证明，移民会面临某些不利因素。他们经常毫无法律权利可言或者即便有也非常有限，在刑事审判体系中也遭受歧视。他们接受教育和医疗的机会也很有限。他们通常不能享有公民的参与权。他们还会遭受骚扰、种族和宗教仇视，以及暴力。

女性则面临某些特殊的挑战。当然，有些人会很成功，而且移民的确能够使女性获得权力。但是因结婚而移民的女性、做家政劳工的女性，或者从事娱乐业和性行业的女性特别容易遭受剥削和社会孤立。贩卖人口的具体问题已经解释过了。女性移民在许多国家的劳动力市场上都遭受歧视。如果她们怀孕就会被解雇甚至驱逐出境,如果染上艾滋病就会蒙受耻辱。尤其是在贫困和边缘化的社区,她们还面对着遭受家庭暴力的危险。此外,比起男人,她们待在家里的可能性更大,因此对她们来说,要掌握融入新社会所必需的语言技能和建立社会网络就更加困难了。

儿童也需要特别的关注。离开了熟悉的生活方式,置身于一个语言和文化都很不相同的社会,比起成年人他们遭受的创伤更加严重。移民在家庭中可能导致不同性别以及不同辈分之间关系紧张,这进而又会非常直接地影响到孩子的幸福。最糟糕的是,这种关系紧张还会导致暴力和虐待,尤其是针对女孩和年轻女性。移民子女在成长过程中也会有孤立感,他们很难确定自己的身份,也很难忠于国家,这在他们遭受歧视和排外时尤其明显。

结语

本书的整体目标始终是为了给更加理智地讨论国际移民问题定下基调。这种讨论所考虑的应该是事实而不应依赖于夸大其词的媒体报道。这需要将地区问题纳入全球语境中去看待。这种讨论应该考虑人口迁移的整体情况,而不是把目光放在一两个群体上,更不应该把他们妖魔化。在使用“移民”这个词时,应当明确、一致、毫无偏见。这种讨论应该清楚统计数据的局限。相关各方都应不偏不倚地看待移民方方面面的有利因素和不利因素。

索引

（条目后的数字为原文页码）

A

abduction 绑架 64
activism 激进主义 100
Afghanistan 阿富汗 74, 77
  asylum-seekers 寻求庇护者 85
  migrant smugglers in 蛇头在 68
  migrants from 来自…的移民 107
  refugees from 来自…的难民 75, 79
  Taliban regime 塔利班政权 71
  US invasion of 美国对…的入侵 99
  voluntary repatriation to 自愿归国到 82
Africa 非洲:
  border controls 边境检查 56-7
  brain drain 人才流失 52
  cell phones 手机 34
  diasporas 流散人口 25, 26
  irregular migration 非常规移民 59, 62
  migrants in 移民在 1, 5
  refugees 难民 74, 75, 82-3
  regional migration 地区性移民 6
  warfare 战争 77
African-Americans 非裔美国人 94, 98
agricultural workers 农业劳工 32
Algerian migrants 阿尔及利亚移民 9, 92, 107
Ali, Monica 莫尼卡·阿里 104
amnesties 大赦 58
Angola 安哥拉 92
Annan, Kofi 科菲·安南 34-5
anti-immigrant extremism 反移民极端主义 99-100
Armenian diaspora 亚美尼亚流散人口 25
Asia 亚洲 4, 110-11
  human trafficking 人口贩卖 65
  ‘maid trade’“女佣贸易” 7
  migrant smuggling 移民偷渡 66
  migrants in 移民在 5
Asian tsunami (December 2004) 亚洲海啸(2004 年 12 月) 120
assimilation 同化 23-4, 98
asylum-seekers 寻求庇护者 4, 60, 70, 74, 96, 118, 119
  application countries 申请国家 75
  bogus 假的 56, 85
  Europe 欧洲 84-9
  rejected 遭拒的 57, 87-8
  statistics 统计;统计数字 20
Atlantic Records 大西洋唱片公司 10
Australia 澳大利亚 5

anti-immigration party 反移民的政党 100

Asian immigrants 亚洲移民 110

asylum applications 庇护申请 75

British immigrants 英国移民 3

Chinese immigrants 中国移民 9

highly-skilled immigrants 高技术移民 114

irregular migrants 非常规移民 57

ius solis principle 出生地原则 23, 24

multiculturalism 多元文化主义 24

refugees 难民 83

visa overstayers 签证过期的留居者 19

Austria 奥地利 24, 98, 100

B

Balkan wars 巴尔干战争 77

Bangkok 曼谷 107

Bangladesh 孟加拉国 74, 110

banks 银行 41, 42

Belgium 比利时 3, 24, 44, 98, 99

Bengalese migrants 孟加拉移民 107

Bhutanese refugees 不丹难民 79

biometric testing 生物测试 119

birth rate 出生率 30, 102, 103

Blok, Vlaams 弗拉芒集团 99

bogus marriage 假结婚 56

Bolivia 玻利维亚 43

border controls 边境检查 63, 118

Borjas, George 乔治·布加斯 91

Bosnia 波斯尼亚地区 74

brain drain 人才流失 51-3, 116

Burkina Faso 布基纳法索 31

Burmese migrants 缅甸移民 107

Burundi 布隆迪 75, 82

Busch, Adolphus 阿道弗斯·布施 10

C

Camus, Albert 阿尔伯特·加缪 104

Canada 加拿大:

asylum applications 庇护申请 75

immigrant votes 移民的选票 101

irregular migration 非常规移民 118

ius solis principle 出生地原则 23, 24

multiculturalism 多元文化主义 24

refugees 难民 83

self-employed foreign workers 个体经营的外来劳动者 93

capital flow 资本流动 29

Caribbean 加勒比海地区 6

Carnegie, Andrew 安德鲁·卡内基 10

Castles, Stephen 斯蒂芬·卡斯尔斯

27

Castles, Stephen and Miller, Mark 斯蒂芬·卡斯尔斯和马克·米勒 5, 99

cell phones 手机 33-4

census 人口普查 20

child migrants 儿童移民 64, 68, 122-3

child refugees 儿童难民 82

Chile 智利 83

China 中国 3

  economic growth 经济增长 111

  GDP 国内生产总值 113

  internal migrants 内部移民 112, 113

  migrants 移民 6, 110

  sojourning 旅居 9

  students studying abroad 留学生 115

circular migration 循环移民 9, 51, 110

CIS (Commonwealth of Independent States) 独联体(独立国家联合体) 59

cities 城市 106-8, 112, 120

citizenship 国籍；公民身份 22-4, 27, 76, 100

Clark, William 威廉·克拉克 96

Cohen, Robin 罗宾·科恩 2

Colombia 哥伦比亚 43

colonization 殖民 1, 3

communications 通讯 28, 33-4, 36, 39, 113

Congo, Democratic Republic of 刚果民主共和国 34, 75

construction industry 建筑业 32

Cornyn-Kyl bill (2005) 科宁-凯尔法案(2005 年) 116

corporations 公司 18

corruption 腐败 30, 31, 61

Costa Rica 哥斯达黎加 107

criminality 犯罪活动 54

Cuba 古巴 40, 42, 92

cultural diversity 文化多样性 1, 11, 104-8

cultural identity 文化特征 23

'culture of migration' "移民文化" 46

D

data collection 数据收集 57-8, 65, 109

debt 债务 65

decolonization 非殖民化 3-4, 74

democracy 民主 30, 31, 49, 100-1

demographic deficit 人口赤字 102-4, 114

Denmark 丹麦 93, 101

dependents 依赖者 7, 17, 20, 37, 41-8, 95-6

deportation 驱逐出境 63, 88, 122

destination countries 目的地国 7-8
impact of migrants on 移民对…的影响 90-108
migration control 移民控制 40
migration networks 移民网络 36-7
temporary migration and 短期移民和 117
developing countries 发展中国家:
agricultural stress 农业压力 32
birth rate 出生率 30
diaspora organizations 流散组织 48-50
remittances 汇款 41-8, 50
return migration 返乡移民 50-1
development 发展 1, 41-53, 113
diaspora organizations 流散组织 48-50
diasporas 流散人口 16, 25-6, 115
discrimination 歧视 12, 63, 97, 122, 123
disease rates 患病率 52
disparity awareness 不均衡意识 34, 118
Djibouti 吉布提 79
domestic work 家务劳动;家政 7, 12, 32, 117
Dominican Republic 多米尼克 43
dual nationality 双重国籍 23, 24
Durand, Jorge 若热·杜兰德 39

E

East Asia 东亚 110-11
East Timor 东帝汶 74
Eastern Europe 东欧 23
cbay 易趣网 10
economic growth 经济增长 10, 91-9, 110, 111, *see also* 另见 development 发展
economic migrants 经济移民 17, 18-19, 31
Ecuador 厄瓜多尔 43
education 教育 12, 29, 30, 31, 45, 52, 113, 122
EEA (European Economic Area) 欧洲经济区 20
Egypt 埃及 43
El Salvador 萨尔瓦多 43
electoral votes 选票 49, 100-1
ELR (Exceptional Leave to Remain) 特许居留 70, 87
emails 电子邮件 33
employment 就业, *see* 见 labour market 劳动力市场
entrepreneurs 创业者 1, 10, 50, 91, 93
internal migration 内部移民 112
remittances 汇款 41-2
Eritrea 厄立特里亚 47, 49, 50, 77
Ethiopia 埃塞俄比亚 50, 77, 79

ethnic cleansing 种族清洗 77
ethnic diversity 种族多样性 105-6, 110
ethnic penalty 种族苦难 98
EU (European Union) 欧盟（欧洲联盟） 5, 95
asylum-seekers 寻求庇护者 84-9
brain drain 人才流失 52
demographic deficit 人口赤字 103
elections 选举 101
employment rate of foreign-born population 外籍人口就业率 96
foreign students 外国学生 115
free movement of EU citizens 欧盟公民的自由迁徙 37
highly-skilled immigrants 高技术移民 114
human trafficking 人口贩卖 65
irregular migrants 非常规移民 56
migrant smuggling 移民偷渡 66
refugee resettlement 难民的重新定居 83
regional migration 地区性移民 6
second/third generation immigrants 第二/第三代移民 98
UNHCR funding 联合国难民事务高级专员公署的经费 73
exploitation 剥削 32, 63, 65, 68, 117, 122

F

families 家庭:
large 大的 92
refugee 难民 79
reunions 团聚 7, 38, 95
separation 分离 46, *see also* 另见 dependents 依赖者
Finland 芬兰 93, 101
Florida, Richard 理查德·佛罗里达 113-14
food aid 食品援助 80
food industry 食品行业 32-3
forced labour 强迫劳动 31
forced migrants 被迫移民 16-17, *see also* 另见 refugees 难民
Fortuyn, Pim 皮姆·佛图恩 100
France 法国:
Algerian immigrants 阿尔及利亚移民 92
anti-immigrant extremism 反移民极端主义 99, 100
assimilation policy 同化政策 24, 98
asylum applications 庇护申请 75
ethnic penalty 种族苦难 98
headscarf controversy 头巾之争 105, 106
immigrant community riots 移民

社区的骚乱 121
pieds noirs “黑脚杆”（居于阿尔及利亚的法国人） 3
free movement of labour 劳动力的自由迁徙 37-8
Frisch, Max 马科斯·弗里希 117

G

GDP (Gross Domestic Product) 国内生产总值 31, 44, 113
gender 性别:
education 教育 30
employment rates 就业率 96
labour market discrimination 劳动力市场上的歧视 122
Germany 德国 44
circular migration trends 循环移民的趋势 9
ethnic penalty 种族苦难 98
gastarbeiter system 客籍工人体系 91
highly-skilled workers 高技术工人 114-15
immigrant votes 移民的选票 101
irregular migration 非常规移民 118
Italian repatriation 意大利人归国 21
ius sanguinis principle 血缘原则 23
migrant statistics 移民统计 6
temporary migrants 短期移民 116
Turkish migrant workers 土耳其移民工人 3, 23, 101
ghettos 贫民窟 108
global cities 国际化城市 106-7
Global Commission on International Migration 国际移民全球委员会 25
globalization 全球化 16, 28, 29, 35-6, 42-3, 108, 113
Goedhard, Gerrit Jan van Heuven 格里特·扬·范赫芬·胡德哈特 73
Goldwyn, Samuel 塞缪尔·高德温 10
Google 谷歌 10
governments 政府:
irregular migration 非常规移民 61-2
migration control 移民控制 40
persecution of citizens 对公民的迫害 30
responses to refugees 对难民的反应 72
Great Depression (1930s) 经济大萧条(二十世纪三十年代) 3
Greece 希腊 43
Gulf States 海湾国家 6, 110, 117
Guterres, Antonio 安东尼奥·古特雷斯 73

H

Haider, Jörg 约尔格·海德尔 99-100

Hanson, Pauline 保利娜·汉森 100

Harney, Robert 罗伯特·哈尼 39

Harrell-Bond, Barbara 巴巴拉·哈勒尔-邦德 80

hawilaad system "哈维拉德"系统 42, 44

HDI (Human Development Index) 人类发展指数 28-9

health professionals 健康专家 52, 114

healthcare 医疗保健 12, 29, 45, 63, 99, 102-3, 113, 122

Heath, Professor Anthony 安东尼·希斯教授 98

heavy industry 重工业 32

Held, David 戴维·赫尔德 29

highly-skilled migrants 高技术移民 17, 18, 110, 111, 113-15

HIV/AIDS 艾滋病病毒 61, 63, 78, 122

Hodgson, Pete 皮特·霍奇森 114

Home Town Associations (HTA) 老乡会 48

homophobia 对同性恋的憎恶 71

Hong Kong 香港特别行政区 106

human capital 人力资本 98

human rights 人权 1, 12, 63, 72, 88, 101, 117

human security 人身安全 62-3

human trafficking 人口贩卖 7, 12, 38, 56, 61, 63, 64-9

humanitarian aid 人道主义援助 49, 73, 80, 120

hunger strikes 饥饿罢工 100

Hurricane Katrina (2005) 卡特里娜飓风(2005 年) 120

hyper-diversity 超级多样化 105, 110

I

ICTs (inter-corporate transferees) 公司内部调动人员 18, 106

IDPs (Internally Displaced Persons) 国内流离失所者 72, 75, 111, 119-21

illegal migrants 非法移民 *see* 见 irregular migration 非常规移民

ILO (International Labour Organization) 国际劳工组织 31, 110

immigration industry 移民产业 38, 39, 113

Inca empire 印加帝国 1

incentives 激励措施 53, 104

income 收入 29, 67, *see also* 另见 wages 工资

indentured labour 契约劳工 3

India 印度 3, 6, 43, 107, 110

computer expertise 电脑专业技

能 51-2
cuisine 菜肴 93
Gulf States workers 海湾国家的劳工 51
indentured labour 契约劳工 3
irregular migrants in 非常规移民在 59
labour surplus 劳动力过剩 111
migrants from 来自…的移民 6
partition 分治 4
remittances 汇款 44
students 学生 115
Indonesia 印度尼西亚 110, 111, 116, 120
Indus empire 印度帝国 1
infant mortality 婴儿死亡率 52
infectious diseases 传染病 61
information 信息 29, 34-5, 36
infrastructure 基础设施 82, 90
integration 融合 1, 23-4, 25, 117, 121
refugees 难民 82-3
second-generation 第二代 98-9
Intel 英特尔 10
internal displacement 内部的流离失所 *see* 见 IDPs (Internally Displaced Persons) 国内流离失所者
internal migration 内部移民 32, 39, 112-13
International Centre on Migration Policy Development 国际移民政策发展中心 59
international cuisine 国际菜肴 93, 104
international telephone calls 国际电话 34
international travel 国际旅行 9, 35-6
internet 互联网 33, 34
social remittances 社会性汇款 47-8
'virtual return' "虚拟返乡" 49
investment 投资 51, 113, 115
IOM (International Organization for Migration) 国际移民组织 38, 64, 73
IPS (International Passenger Survey) 国际旅客调查 20
Iran 伊朗 75, 79, 82
Iraq 伊拉克 74, 77, 82, 99
Ireland 爱尔兰 93, 101
Irish famine 爱尔兰大饥荒 3
irregular migration 非常规移民 17, 19, 32-3, 38, 54-7, 60-3, 86, 87, 88-9, 101
Asian 亚洲的 111
managing 管理 118-19
recording 记录 57-60
regularization 常规化 116, *see also* 另见 asylum-seekers 寻求庇护者; human trafficking 人口贩

卖
Israel 以色列 4, 23, 24, 101
Italy 意大利:
anti-immigrant extremism 反移民极端主义 100
cuisine 菜肴 93
return migration 返乡移民 21
ius sanguinis/ius solis 血缘原则/出生地原则 22-4
Ivory Coast 象牙海岸 82

J

Japan 日本 3, 31, 73, 95, 111, 116
Jewish diaspora 犹太人大流散 25, 26, 101
Jordan 约旦 44, 107
Jospin, Lionel 利昂内尔·若斯潘 99

K

Kaldor, Mary 玛丽·卡尔多 77
Karachi 卡拉奇 107
Kenya 肯尼亚 79
King, Russell 拉赛尔·金 21
Kodak 柯达 10
Kosovo 科索沃地区 74
Kureishi, Hanif 哈尼夫·库雷西 104

L

Labour Force Survey 劳动力调查 20
labour market 劳动力市场 90, 91, 92-4, 95-7
free movement 自由迁徙 37-8
gaps 空缺 117
gender discrimination 性别歧视 122
gender-selective 有性别倾向的 7
global crisis 全球危机 31-2
internal migration 内部移民 113
segmentation of 的细分 32-3
shortfalls 短缺 111
surplus 过剩 110
labour migrants 劳动力移民 17, 85
land mines 地雷 77
language 语言 23, 24, 99, 104, 106
Latin America 拉丁美洲 5, 6, 59
Le Pen, Jean-Marie de 让-玛丽·德·勒庞 99
Lesotho 莱索托 44, 45
Levitt, Peggy 佩吉·莱维特 47
Liberia 利比里亚 82
Libya 利比亚 8
life expectancy 预期寿命 31, 102
literacy 读写能力 30, 31, 52
Loescher, Gil 吉尔·洛希尔 72

London 伦敦 105, 106, 121
low-skilled migrants 低技术移民 96, 106-7, 122

M

Malawi 马拉维 52
Malaysia 马来西亚 97, 111, 116
malnutrition 营养不良 29
marginalization 边缘化 117
marriage 婚姻:
  mail-order brides 邮购新娘 7
  sham 假的 56
Martin, Susan Forbes 苏珊·福布斯·马丁 80
media 媒体 118
mercenary groups 雇佣军 77
Mesopotamia 美索不达米亚 1
Mexico 墨西哥 2, 32, 39, 43
  diaspora organizations 流散组织 50
  Home Town Associations 老乡会 48
  irregular migration 非常规移民 59, 62, 101
  remittances 汇款 44, 46
migrant smuggling 移民偷渡 38, 65-9, 88, 118
Migration Policy Institute, Washington 华盛顿的移民政策研究所 121
mobile phones 移动电话 *see* 见 cell phones 手机
mobility 流动性 28, 35-6, 38, 113-14
Morocco 摩洛哥 8
Mozambique 莫桑比克 43, 74, 92
multiculturalism 多元文化主义 24, 98
Mumbai, India 印度的孟买 107
music 音乐 104
Muslim migrants 穆斯林移民 106, 121

N

NAFTA (North American Free Trade Agreement) 北美自由贸易协定 37
Namibia 纳米比亚 74
nationalism 民族主义 27
nationality 国籍 22
natural disasters 自然灾害 71, 72, 120
naturalization 取得国籍 23, 24
Nazism 纳粹主义 71, 74
NBC 美国全国广播公司 10
Nepal 尼泊尔 79
Netherlands 荷兰 3, 24, 73, 101
  anti-immigrant extremism 反移民极端主义 100
  ethnic penalty 种族苦难 98

irregular migration 非常规移民 118
multiculturalism 多元文化主义 24
networks 网络:
contacts abroad 国外关系 50
migration 移民 28, 36-7, 113
transnational 跨国的 27
New York 纽约 106, 107-8
New Zealand 新西兰:
economic impact of immigrants 移民对经济的影响 95
highly-skilled immigrants 高技术移民 114
NGOs (non-governmental organizations) 非政府组织 38, 48-9, 63, 73
NICs (newly industrialized countries) 新兴工业化国家 110-11
9/11 terrorist attacks (2001) “9·11”恐怖袭击(2001 年) 44, 115
North Africa 北非 7-8
North America 北美 5, 7, *see also* 另见 Canada 加拿大;United States 美国
Norway 挪威 101

OECD (Organization for Economic Cooperation and Development) 经济合作与发展组织
Asian migrants 亚洲移民 110
Current Trends in International Migration in Europe report 报告《当前欧洲移民问题的趋向》 9
foreign students 外国学生 115
irregular migration estimates 对非常规移民的估计 59
Okri, Ben 本·奥克瑞 104
organized crime 有组织犯罪 61
origin countries 来源国 7-8
positive effects of migration on 移民对…的积极影响 92
remittance disparities 汇款不均衡 45-6
skill shortages 技术短缺 12
temporary migration advantages for 的短期移民的优势 117
voluntary repatriation 自愿归国 80-2
Ottoman Empire 奥斯曼帝国 25

P

Pakistan 巴基斯坦 43, 49, 66, 75, 107, 110
earthquake in 2005 2005 年的地震 120
migrant smugglers in 蛇头在 68

protracted refugees in 持久难民在 79
voluntary repatriation from 自…的自愿归国 82
Palestine 巴勒斯坦 4, 75, 107
Paris 巴黎 107, 121
passports 护照 36, 55, 85
pensions 养老金 102, 103, 104
persecution 迫害 71, 72, 76
Peru 秘鲁 43
Philippines 菲律宾 6, 43, 44, 51, 110, 111
plantations 种植园 32
Poland 波兰 22
politics, and migrants 移民和政治 17, 99-104, *see also* 另见 refugees 难民
population 人口 103
displacement 流离失所 77
growth 增长 30, 111
Portes, Alejandro 亚历山德罗·波茨 27
Portugal 葡萄牙 43, 92, 101
poverty 贫困 1, 29-30, 31, 39, 113
privatization 私有化 90
professional associations 专业协会 48
professionals 专业人员 114
prostitution 卖淫 7, 12, 64
protest movements 抗议活动 100
protracted refugee situations 持久难民的状况 79
public finances 公共财政 95
public opinion 公众看法 97
public security 公共安全 11
public services 公共服务 10
Puerto Ricans 波多黎各人 101

R

RCA 美国无线电公司 10
refugees 难民 4, 12, 17, 18, 30, 70-1, 111, 119, 120
camps for 的营地 78-80, 107
causes of movement by 的迁徙原因 76-7
durable solutions 长久之计 80-3
global geography of 的全球分布 73-5
UN convention 联合国公约 37, 70, 71, 72-3, 74, 76, 82, 87
women 女性 79-80
regularization programmes 常规化计划 57, 58, 116
remittances 汇款 41-8, 50, 108
internal migration 内部移民 113
irregular migration 非常规移民 118
pressured 有压力的 47
temporary migration 短期移民

115, 117
repatriation 遣返;归国:
rejected asylum-seekers 遭拒的寻求庇护者 88
voluntary 自愿的 80-2
resettlement 重新定居 83
retirement 退休 51, 95, 104
return migration 返乡移民 21-2, 50-1, 115-16, 117-18
'virtual return'"虚拟返乡" 49
rights and entitlements 权益 37-8, 39
riots 骚乱 121
risk insurance 抵御风险的保障 45
Romanian migrants 罗马尼亚移民 9
Rubenstein, Helena 海伦娜·鲁本斯坦 10
rule of law 法治 30
rural-urban migration 由乡村转入城市的移民 32, 39, 112
Rushdie, Salman 萨尔曼·拉什迪 99, 104
Russia 俄罗斯 6, 23, 74
irregular migrants 非常规移民 32, 59
return migration 返乡移民 22
women migrants 女性移民 7
Rwanda 卢旺达 74

S

Salt, John 约翰·索尔特 9
sanitation 卫生 30
satellite television 卫星电视 33
Saudi Arabia 沙特阿拉伯 44, 51
second-generation immigrants 第二代移民 97-9
self-employment 个体经营 56, 93
self-settlement refugees 自建居所的难民 78-9
sex trade 性交易 7, 12, 64, 68
sexual abuse 性虐待 78
Sheffer, Gabriel 加布里埃尔·谢菲尔 25-6
Singapore 新加坡 111
skills 技能;技术:
acquisition of 的获得 90, 96
high-level 高层次的 17, 18, 110, 111, 113-15
low-level 低层次的 96, 106-7, 122
shortages 短缺 12, 51-3, 116
slavery 奴隶制 2-3, 12, 25, 63, 64
Smith, Zadie 扎迪·史密斯 104
smuggling 偷渡 38, 56, 61, 65-9, 88, 118
social behaviour 社会行为 24
social migrants 社会移民 17
social mobility 社会流动性 96

social remittances 社会性汇款 47
sojourning 旅居 9
Somalia 索马里 42, 44, 75
asylum-seekers from 来自…的寻求庇护者 85
diaspora organizations 流散组织 49
refugees from 来自…的难民 79
South Africa 南非 6, 97, 107
South Asia 南亚 30
South-East Asia 东南亚 9, 59, 74, 110-11
sovereignty 主权 60, 120
Spain 西班牙 3, 101
regularization programme 常规化计划 116
self-employed foreign workers 个体经营的外来劳动者 93
sport 运动 104
Sri Lanka 斯里兰卡 85, 110, 120
stateless persons 无公民权者 75
strikes 罢工 100
students 学生 18, 60, 111, 114
bogus 假的 56
competition for 为…而竞争 115
sub-Saharan Africa 撒哈拉沙漠以南的非洲 8, 111
asylum-seekers from 来自…的寻求庇护者 75
brain drain 人才流失 52
low HDIs 低人类发展指数 29
remittances 汇款 44
Sudan 苏丹 75
Sun Microsoft 太阳微系统 10
Sweden 瑞典 24, 73, 101
Switzerland 瑞士 44

T

Taliban 塔利班 71
Tanzania 坦桑尼亚 82, 83
taxation 税收 32, 95, 102
teachers 教师 52
technology 技术 114
temporary migration 短期移民 8, 53, 110, 111, 115-17
terrorism 恐怖分子 11, 44, 60, 61
Thailand 泰国 111
third-country resettlement 在第三国重新定居 83
third-generation immigrants 第三代移民 97-9
'3D jobs' "3D 活儿";脏、险、难的活儿 32
timber 伐木 32
Tonga 汤加 44
trade liberalization 贸易自由化 90, 118

trade unions 工会 93
transit countries 过境国 7-8
transnationalism 跨国主义 23, 25, 27, 108
transportation 交通；运输 9, 35-6, 39, 112, 113
triple nationality 三重国籍 23
Tunisia 突尼斯 8
Turkey 土耳其 43
  cuisine 菜肴 93
  migrant workers in Germany 在德国的移民工人 3, 23, 101
  return migration 返乡移民 22

U

Ukraine 乌克兰 6
UN High Commissioner for Refugees 联合国难民事务高级专员 73
UN (United Nations) 联合国 34-5
  Convention on refugee status 关于难民地位的公约 37, 70, 71, 72-3, 74, 76, 82, 87
  definition and survey of migrants 移民的定义和调查 4-5, 16, 17
  Development Project 发展计划 28, 31
  Guiding Principles on Internal Displacement 《关于国内流离失所问题的指导原则》 120
  Protocol on human trafficking 关于人口贩卖的决议 64
  Refugee Agency (UNHCR) 难民事务高级专员公署 72, 73, 74, 78, 79, 80, 82, 120, 121
unemployment 失业 31, 39, 46, 51, 77, 92, 94, 96, 97, 99, 104, 113
  ethnic penalty 种族苦难 98
  Germany 德国 114
  irregular migration 非常规移民 118
United Kingdom 英国 3
  asylum-seekers 寻求庇护者 75, 87
  economic value of migrants to 移民对于…的经济价值 10
  emigration to Australia 迁往澳大利亚的移民 57
  ethnic diversity 种族多样性 105
  irregular migration 非常规移民 32, 59-60, 118
  ius solis principle 出生地原则 23
  migrant statistics 移民统计 19-21
  multiculturalism 多元文化主义 24, 98
  pensions crisis 养老金危机 102
  refugee resettlement 难民的重新定居 83

self-employed foreign workers 个体经营的外来劳动者 93
UNHCR funding 联合国难民事务高级专员公署的经费 73
voting rights 选举权 101
United States 美国:
Asian immigrants in 亚洲移民在 110
asylum applications 庇护申请 75
Cornyn-Kyl bill 科宁-凯尔法案 116
Cuban migrants 古巴移民 92
economic growth and migrants 经济增长与移民 10
foreign students 外国学生 115
government integration policy 政府的融合政策 99
highly-skilled immigrants 高技术移民 114
human trafficking estimates 对人口贩卖的估计 65
immigrant wage levels 移民的工资水平 94-5
irregular migration 非常规移民 32, 33, 58-9, 118
ius solis principle 出生地原则 23
Latino voting bloc in 拉丁投票团在 101-2
migrant labour 移民劳工 3, 4
migrant statistics 移民统计 5-6
multiculturalism 多元文化主义 24
natural disasters 自然灾害 120
overseas voters 海外选民 49
population 人口 103
refugees 难民 83
remittances sent from 来自…的汇款 43, 44
security restrictions 安全限制 38
temporary migration 短期移民 116
UNHCR funding 联合国难民事务高级专员公署的经费 73
universities 大学 50, *see also* 另见 students 学生

V

van Gogh, Theo 提奥·凡·高 121
Venezuela 委内瑞拉 43
Vertovec, Steve 史蒂夫·韦尔托韦茨 108
Vietnam war 越南战争 74
Vietnamese ‘boat people’ 越南的“船民” 83
Vikings 维京人 2
violence 暴力 12, 79, 122
visas 签证 36, 37, 38, 56, 57, 85
United States 美国 114, 115

voluntary repatriation 自愿归国 80-2

W

wages 工资 31, 93, 94
'war on terror'"反恐战争" 99
warfare 战争 76-7, 120
water supply 供水 29
weaponry 武器 77
welfare benefits 福利 86, 92, 102-3, 104
women 女性 6-7, 17, 110, 122
  Asian 亚洲的 111
  incentives to have children 鼓励生小孩的措施
  internal migration 内部移民 112
  irregular migrants 非常规移民 63
  persecution 迫害 71
  refugees 难民 79-80
  trafficking of 的贩卖 64, 67
work permits 工作许可证 19, 20, 55, 56, 57, 88, 116
World Bank 世界银行 19, 42, 115

X

xenophobia 排外 61, 123

Y

Yahoo 雅虎 10
Yemen 也门 79

Z

Zambia 赞比亚 52
Zhou empire 周王朝 1
Zidane, Zinedine 齐内迪纳·齐达内 104
Zolberg, Aristide 阿里斯蒂德·佐伯格 76

Khalid Koser

INTERNATIONAL MIGRATION

A Very Short Introduction

Contents

Abbreviations i

List of illustrations iii

1 Why migration matters 1

2 Who is a migrant? 16

3 Migration and globalization 28

4 Migration and development 41

5 Irregular migration 54

6 Refugees and asylum-seekers 70

7 Migrants in society 90

8 The future of international migration 109

Further reading 125

Abbreviations

CIS	Commonwealth of Independent States
EEA	European Economic Area
ELR	Exceptional Leave to Remain
EU	European Union
GCIM	Global Commission on International Migration
GDP	Gross Domestic Product
HDI	Human Development Index
HTA	Home Town Association
ICT	Inter-Corporate Transferee
IDP	Internally Displaced Person
ILO	International Labour Office
IOM	International Organization for Migration
IPS	International Passenger Survey
NAFTA	North American Free Trade Agreement
NGO	Non-Governmental Organization
NIC	Newly Industrializing Country
OECD	Organization for Economic Co-operation and Development
PRD	Pearl River Delta, China
UK	United Kingdom
UN	United Nations

UNDESA	United Nations Department of Economic and Social Affairs
UNDP	United Nations Development Program
UNHCR	Office of the United Nations High Commissioner for Refugees
USA	United States of America

List of illustrations

1 The US–Mexico border 2
© Royalty-free/Corbis

2 A truck loaded with migrants, Niger 8
© Sven Torfinn/Panos Pictures

3 Undocumented migrant farm workers in North Carolina, USA 33
© Andrew Lichtenstein/Corbis

4 Homeless man in Bangalore, India 35
© Belinda Lawley/Panos Pictures

5 Billboard advertising an international money transfer company 42
© Sven Torfinn/Panos Pictures

6 Migrants at the US border fence in Tijuana, Mexico 55
© Clive Shirley/Panos Pictures

7 Migrants trying to board a freight train bound for the Channel Tunnel and the UK 62
© Pascal Rossignol/Reuters/Corbis

8 Rwandan refugees on the move 76
© R. Chalasani/Exile Images

9 Mozambican refugee children queuing for food 81
© Reinhard Krause/Reuters/Corbis

10 *Daily Express* front page from 2002 84
© Express Newspapers/John Frost Newspapers

11 An asylum-seeker being interviewed in Dover, UK 86
© H. Davies/Exile Images

12 Asylum-seekers being detained in a holding cell in Folkestone 87
© Trygve Sorvaag/Panos Pictures

13 Ethnic diversity in Leicester Square, London, UK 105
© J. C. Tordai/Panos Pictures

The publisher and the author apologize for any errors or omissions in the above list. If contacted they will be pleased to rectify these at the earliest opportunity.

Chapter 1
Why migration matters

There are more international migrants today than ever before, and their number is certain to increase for the foreseeable future. Almost every country on earth is, and will continue, to be affected. Migration is inextricably linked with other important global issues, including development, poverty, and human rights. Migrants are often the most entrepreneurial and dynamic members of society; historically migration has underpinned economic growth and nation-building and enriched cultures. Migration also presents significant challenges. Some migrants are exploited and their human rights abused; integration in destination countries can be difficult; and migration can deprive origin countries of important skills. For all these reasons and more, migration matters.

A brief history of international migration

The history of migration begins with the origins of mankind in the Rift Valley in Africa, from where between about 1.5 million and 5000 BC *Homo erectus* and *Homo sapiens* spread initially into Europe and later into other continents. In the ancient world, Greek colonization and Roman expansion depended on migration, and outside Europe significant movements were also associated with the Mesopotamian, Inca, Indus, and Zhou empires. Other significant

1. The US–Mexico border is the most frequently crossed international border in the world – about 350 million people cross it each year

migrations in early history include that of the Vikings.

In more recent history, in other words in the last two or three centuries, it is possible to discern a series of major migration periods or events, according to migration historian Robin Cohen. Probably the predominant migration event in the 18th and 19th centuries was the forced transportation of slaves. An estimated 12 million people were forced from mainly western Africa to the New World, but also in lesser numbers across the Indian Ocean and Mediterranean. Besides its scale, one of the reasons this migration is so important is that it still resonates for descendants of slaves and among African Americans in particular. After the collapse of slavery, indentured labour from China, India, and Japan moved in significant numbers – some 1.5 million from India alone – to continue working the plantations of the European powers.

European expansion was also associated with large-scale voluntary resettlement from Europe, particularly to the colonies of settlement, the dominions, and the Americas. The great mercantile powers – Britain, the Netherlands, Spain and France – all promoted settlement of their nationals abroad, not just of workers but also peasants, dissident soldiers, convicts, and orphans. Migration associated with expansion largely came to an end with the rise of anti-colonial movements towards the end of the 19th century, and indeed over the next 50 years or so there were some significant reverse flows back to Europe, for example, of the so-called *pieds noirs* to France.

The next period of migration was marked by the rise of the United States of America (USA) as an industrial power. Millions of workers from the stagnant economic regions and political regimes of Northern, Southern, and Eastern Europe, not to mention those escaping the Irish famine, went to the USA from the 1850s until the Great Depression of the 1930s. Some 12 million of these migrants landed at Ellis Island in New York harbour for immigration inspections.

The next major period of migration was after the Second World War, when labour was needed to sustain booming post-war economies in Europe, North America, and Australia. This was the era when many Turkish migrants arrived to work in Germany and North Africans in France and Belgium, for example. It was also the period when about one million Britons migrated to Australia as so-called 'Ten Pound Poms'. Their passage and a grant of £10 were paid by the Australian government in its efforts to attract new settlers. During the same era decolonization was still having a migration impact in other parts of the world, most significantly in the movement of millions of Hindus and Muslims as a result of the Partition of India in 1947 and of Jews and Palestinians after the creation of Israel.

By the 1970s the international migrant labour boom was over in Europe, although it continued into the early 1990s in the USA. The engine-room of the global economy has begun to shift decisively to Asia, where labour migration is, in contrast, still growing. As we shall see later in this volume, the movement of asylum-seekers and refugees and irregular migrants has also become increasingly significant across the industrialized world in the last 20 years or so.

The purpose of this inevitably selective overview of international migration in recent history is not simply to make the point that migration is not a new phenomenon. It is also intended to signpost themes that will recur throughout this volume. That migration is associated with significant global events – revolutions, wars, and the rise and fall of empires; that it is associated with significant change – economic expansion, nation-building, and political transformations, and that it is also associated with significant problems – conflict, persecution, and dispossession. Migration has mattered through history, and continues to matter today.

Dimensions and dynamics of international migration

The United Nations (UN) defines as an international migrant a person who stays outside their usual country of residence for at least one year. According to that definition, the UN estimated that in 2005 there were about 200 million international migrants worldwide, including about 9 million refugees. This is roughly the equivalent of the fifth most populous country on earth, Brazil. One in every 35 people in the world today is an international migrant.

Another way to put this is that only 3 per cent of the world's population today is an international migrant. But migration affects far more people than just those who migrate – as will be explained in detail later in this book, it has important social, economic, and political impacts at home and abroad. According to Stephen Castles and Mark Miller, authors of the influential book *The Age of Migration* (2003),

> There can be few people in either industrialized or less developed countries today who do not have personal experience of migration and its effects; this universal experience has become the hallmark of the age of migration. (p. 5)

The number of international migrants has more than doubled in just 25 years, and about 25 million were added in only the first five years of the 21st century (Table 1.1). Before 1990 most of the world's international migrants lived in the developing world; today the majority lives in the developed world and their proportion is growing. Between 1980 and 2000 the number of migrants in the developed world increased from about 48 million to 110 million, compared with an increase from 52 million to 65 million in the developing world. In 2000 there were about 60 million migrants in Europe, 44 million in Asia, 41 million in North America, 16 million in Africa, and 6 million in both Latin America and Australia. Almost 20 per cent of the world's migrants in 2000 – about

Table 1.1. International migrants by world region, 1970–2005 (millions)

Year	1970	1980	1990	2000	2005
World	81.5	99.8	154.0	174.9	200 (estimate)
Developed	38.3	47.7	89.7	110.3	no data
Developing	43.2	52.1	64.3	64.6	no data

Source: UNDESA, *World Economic and Social Survey: International Migration* (New York: UN, 2004)

35 million – lived in the USA. The Russian Federation was the second most important host country for migrants, with about 13 million, or nearly 8 per cent of the global total. Germany, the Ukraine, and India followed in the rankings, each with between 6 and 7 million migrants.

It is much harder to say which countries most migrants come from, largely because origin countries do not keep count of how many of their nationals are living abroad. It has been estimated nevertheless that at least 35 million Chinese currently live outside their country, 20 million Indians, and 8 million Filipinos.

These facts and figures convey a striking message, and that is that international migration today affects every part of the world. Movements from 'South' to 'North' have increased as a proportion of total global migration; indeed as I shall explain in Chapter 3 there are powerful reasons why people should leave poorer countries and head for richer ones. At the same time, it is important not to ignore the significant movements that still take place within regions. There are about 5 million Asian migrants working in the Gulf States. It is estimated that there are somewhere between 2.5 million and 8 million irregular migrants in South Africa, almost all of them from sub-Saharan African countries. As we shall see in Chapter 6, there are far more refugees in the developing world than the developed world. Equally, more Europeans come to the UK each year, for example, than do people from outside Europe; and many of these Europeans are British citizens returning from stints overseas.

Besides the dimensions and changing geography of international migration, there are at least three trends that signify an important departure from earlier patterns and processes. First, the proportion of women among migrants has increased rapidly. Very nearly half the world's migrants were women in 2005; just over half of them living in the developed world and just under half in the developing world. According to UN statistics, in 2005 there were more female than male migrants in Europe, Latin America and the Caribbean,

North America, Oceania, and the former USSR. What is more, whereas women have traditionally migrated to join their partners abroad, an increasing proportion who migrate today do so independently; they are often the primary breadwinners for the families they leave behind.

There are a number of reasons why women comprise an increasing proportion of the world's migrants. One is that the demand for foreign labour, especially in more developed countries, is becoming increasingly gender-selective in favour of jobs typically fulfilled by women – services, healthcare, and entertainment. Second, an increasing number of countries have extended the right of family reunion to migrants – in other words allowing them to be joined by their spouses and children. Most often these spouses are women. Changing gender relations in some countries of origin also mean that women have more independence to migrate than previously. Finally, and especially in Asia, there has been a growth in the migration of women for domestic work (sometimes called the 'maid trade'); organized migration for marriage (sometimes referred to as 'mail order brides'), and the trafficking of women into the sex industry.

Second, the traditional distinction between countries of origin, transit, and destination for migrants has become increasingly blurred. Today almost every country in the world fulfils all three roles – migrants leave, pass through, and head for all of them. Perhaps no part of the world better illustrates the blurring boundaries between origin, transit, and destination countries than the Mediterranean. About 50 years ago the situation was fairly straightforward. All the countries of the Mediterranean – in both North Africa and Southern Europe – were countries of origin for migrants who mainly went to Northern Europe to work. About 20 years ago Southern Europe changed from a region of emigration to a region of immigration, as increasing numbers of North Africans arrived to work in their growing economies and at the same time fewer Southern Europeans had an incentive to head north for work anymore. Today, North Africa is changing from an origin to a transit and destination region. Increasing numbers of migrants from sub-Saharan Africa are arriving in countries like Libya, Morocco, and Tunisia. Some remain, others cross the Mediterranean into Southern Europe, usually illegally, where again some stay and others try to move on into Northern Europe.

Finally, while most of the major movements that took place over the last few centuries were permanent, today temporary migration has become much more important. Even people who have lived abroad for most of their lives often have a 'dream to return' to the place of their birth, and it is now relatively unusual for people to migrate from one country to another and remain there for the rest of their lives.

Furthermore, the traditional pattern of migrating once then returning home seems to be phasing out. An increasing number of

2. A truck loaded with migrants leaving Agadez in Niger and bound for North Africa

people migrate several times during their lives, often to different countries or parts of the world, returning home in the intervening periods. Even those who are away for long periods of time return home at more and more frequent intervals, as international travel has become so much cheaper and more accessible. 'Sojourning', involving circulation between origin and destination and only a temporary commitment to the place of destination, has a long history: much of the Chinese migration to South-East Asia and Australia in the 19th and early 20th centuries, for example. However, this circulation is now occurring on an unprecedented scale and has been facilitated by developments such as transport and communications revolutions.

'Circular' migration

In his 2005 report to the Council of Europe on *Current Trends in International Migration in Europe* (OECD) migration expert John Salt identifies several new types of flow in Europe (p. 19): 'Algerian migratory routes have undergone radical change. The traditional labour migration into France has been replaced by forms of circulation in which many Algerians have become suitcase traders throughout the Mediterranean region. Often serving tourist markets, their moves take place within family networks which allow them to seize trading opportunities in whichever city they are presented. Romanians have also been observed to circulate within informal transnational networks which they use to exploit whatever work niches are opened to illegal workers. The migration of ethnic Germans from Transylvania to Germany in the early 1990s has also become a circulatory movement with periods of work in Germany interspersed with living back in Romania.'

Opportunities of international migration

Migration has been a constant and influential feature of human history. It has supported the growth of the world economy; contributed to the evolution of states and societies, and enriched many cultures and civilizations. Migrants have been amongst the most dynamic and entrepreneurial members of society; people who are prepared to take the risk of leaving their homes in order to create new opportunities for themselves and their children. The history of United States economic growth, for example, is in many ways the history of migrants: Andrew Carnegie (steel), Adolphus Busch (beer), Samuel Goldwyn (movies), and Helena Rubenstein (cosmetics) were all migrants. Kodak, Atlantic Records, RCA, NBC, Google, Intel, Hotmail, Sun Microsoft, Yahoo, and ebay were all started or co-founded by migrants.

In the contemporary world, international migration continues to play an important – although often unacknowledged – role in national, regional, and global affairs. In many developing countries, the money that migrants send home is a more important source of income than the official aid provided by richer countries. In certain developed countries, entire sectors of the economy and many public services have become highly dependent on migrant workers and would collapse almost literally overnight if their labour were withdrawn. It is often said – though difficult actually to prove – that migrants are worth more to the UK economy than North Sea oil. It has been estimated by the World Bank that migrant labour around the world earns US$20 trillion – the vast majority of which is invested in the countries where they work. Another study indicates that about 15 million foreign-born workers in the USA add over US$10 billion to the US economy. Migrant labour, it is argued, has therefore contributed significantly to economic growth. Throughout much of the world, migrants are not only employed in jobs that nationals are reluctant to do, but are also engaged in high-value activities that local people lack the skills to do.

Migrants and migration do not just contribute to economic growth; in fact their impact is probably most keenly felt in the social and cultural spheres of life. Throughout the world, people of different national origins, who speak different languages, and who have different customs, religions, and ways of living are coming into unprecedented contact with each other. Whether they are willing to admit it or not, most societies today are characterized by at least a degree of diversity. I often make this point in lectures to university students in the UK by pointing out that in the last 24 hours they have almost certainly eaten food or listened to music originating elsewhere in the world, or watched a top-flight sports team that includes foreign-born players, or the descendants of migrants. It is no coincidence that some of the largest concentrations of migrants are to be found in 'global cities' like Hong Kong, London, or New York; dynamic, innovative and highly cosmopolitan urban centres that enable people, places, and cultures in different parts of the world to become increasingly interconnected.

Challenges of international migration

It would be naïve, at the same time, to deny that international migration today also poses important challenges. Perhaps the most talked about is the linkage between migration and security. Especially after 9/11 there has been a perception of a close connection between international migration and terrorism. This has been compounded by more recent attacks in Madrid and London. Irregular migration, which appears to be growing in scale in many parts of the world, is sometimes regarded by politicians and the public alike as a threat to national sovereignty and public security. In a number of destination countries, host societies have become increasingly fearful about the presence of migrant communities, especially those with unfamiliar cultures that come from parts of the world associated with extremism and violence.

These are legitimate concerns that should not be underestimated; they are examined in greater depth in the chapters that follow. At the same time, there has probably been too much attention paid to the challenges posed by migration for destination countries and societies in which migrants settle; and not enough to those that arise for the migrants themselves, their families, as well as for the people and societies they leave behind.

It is worth remembering, for a start, that many migrants leave their homes because they have no choice. In 2005 there were about 9 million refugees worldwide – these are people who had been forced to flee their homes for fear of persecution or death. Once their journey has begun, many migrants (and not just refugees) perish *en route*. Some migrants, furthermore, find themselves exploited and their human rights abused once they have arrived at their destination. This is most particularly true for the victims of human trafficking who can effectively be enslaved, often in the sex industry. Domestic workers, too, can face abuse and suffer violence at the hands of their employers. More generally, many migrants and their children face discrimination and prejudice, even years after they have settled abroad. Migration matters just as much because of its negative consequences for migrants themselves as it does for the challenges it poses for destination societies.

Migration also can have important implications for the societies migrants leave. As I shall explain in Chapter 4, this is especially the case where migrants have skills that are in short supply in their home countries. While the impact of the so-called brain drain has been felt most severely in the health sector, it is significant in the education sector too. Not only does it reduce the ability of poor countries to deliver essential services, it also means that public investment in the education and training of these people is effectively lost to the country.

A very short introduction to international migration

For the sorts of reasons outlined in this chapter, international migration has risen towards the top of political agendas in many countries, attracts considerable media coverage, and has become a common topic of public interest more generally. Yet all too often the debate on migration is unsatisfactory. Concepts are unclear – the terms 'asylum-seeker', 'refugee', and 'irregular' or 'illegal' migrant, for example, are regularly used interchangeably. Statistics are at times quoted in ways that alarm rather than inform. Only a very partial picture of migration is normally presented. Overall, the real diversity and complexity of migration is often ignored.

Against this background, the intention of this 'Very Short Introduction' is to try to provide the reader with the explanations, analysis, and data required to understand today's key migration issues, and hopefully to engage in reasonable debate. As someone who has taught and researched migration and related issues for over 15 years, I naturally have my own perspectives and opinions. But I have tried to keep these in the background, in order to present a full picture of the debates that surround migration today. Equally, this book is not centrally concerned with migration policy, but where relevant some commentary on policy implications is included.

To try to condense any large field of research, writing, and political argument into such a short book inevitably requires selectivity, and different authors would make different choices faced with this challenge. It is initially worth emphasizing that, as the book's title indicates, its focus is migration across borders. The main reasons are that international migration has been the subject of far more research and writing than internal migration, and has also attracted far more political and media attention and public discourse. At the same time, it has to be acknowledged that there are far more internal migrants than international migrants and the distinction between internal and international migration can be unclear. Internal migration deserves far more academic attention than it has received to date, and as we shall see in the final chapter of this book, is likely to shape international migration in the future.

My overall approach to international migration has three main features. First, where possible I have tried to adopt a global perspective on what is, after all, a truly global issue. At times this has been limited by a lack of research, information, and data on migration in certain parts of the world, as well as shortcomings in my own knowledge. Second, I have tried to make use of 'real life' examples that are taken from my own research – this is one way to try to gain a perspective on the experiences of migrants themselves. To supplement my own limited knowledge, I have also referred to the published findings of research by scholars in the field. Third, I have structured the book around what I view as the most topical and relevant issues in international migration today, rather, for example, than writing a chapter on migration in each of the world's main regions. Coverage of each of these issues is necessarily concise, and so at the end of the book I refer the reader to other sources to which they can turn for more detailed information and analysis.

This chapter has asked why migration matters; the next one asks 'Who is a migrant?' It examines the various definitions of international migration, how it is normally categorized, and reflects on just how difficult it is to actually measure it. It also introduces debates about state politics and shifting definitions of citizenship. Chapter 3 considers the relationship between migration and globalization to try to provide a structural explanation for why migration occurs.

Thereafter, the chapters focus on a series of key migration issues in turn. Chapter 4 examines the links between development and migration. A lack of development can cause migration, but equally migrants can contribute to development back home. Chapter 5 turns to one of the most topical of migration issues today, namely irregular migration (among other things the chapter argues that the term 'irregular' is preferable to 'illegal'). It includes particular discussion of the phenomena of human trafficking and migrant smuggling. Equally topical, and indeed often confused with irregular migration, are refugees and asylum-seekers, and they are the focus for Chapter 6. Here in particular a global perspective is important. Chapter 7 looks at the vexed issue of the impacts of immigrants on destination societies. Finally, Chapter 8 identifies some of the main trends that are likely to influence the future of international migration.

Chapter 2
Who is a migrant?

Ostensibly the answer to the question 'Who is a migrant?' is very straightforward: most countries have adopted the UN definition of someone living outside their own country for a year or more. In reality, however, the answer is more complicated. First, the concept 'migrant' covers a wide range of people in a wide variety of situations. Second, it is very hard to actually count migrants and to determine how long they have been abroad. Third, just as important as defining when a person becomes a migrant is to define when they stop being a migrant. One way for this to happen is to return home; another is to become a citizen of a new country, and the procedures governing that transformation vary significantly. Finally, it has been suggested that, as a result of globalization, there are now new 'types' of migrants with new characteristics, at times described as members of transnational communities or diasporas.

Migrant categories

There are three main ways that international migrants are normally categorized. A common distinction, first of all, is between 'voluntary' and 'forced' migrants. The latter are people who have been forced to leave their own country for another, because of conflict, persecution, or for environmental reasons such as drought or famine. These people are usually described as refugees, although as we shall see in Chapter 6 in fact the term refugee has a very specific meaning, and does not include all forced migrants. According to the Office of the United Nations High Commissioner for Refugees (UNHCR) there are about 9 million refugees worldwide. As we saw at the beginning of Chapter 1, there are far more migrants in the world today who have left their country voluntarily – perhaps 190 million.

A related second distinction that is often made is between people who move for political reasons and those who move for economic reasons. The former are usually refugees – people who have been obliged to leave because of political persecution or conflict. The latter are usually described as labour migrants – in other words people who move to find work, or better job opportunities and working conditions. They in turn are often further classified as low skilled and highly skilled. Somewhere in between economic and political migrants there are also people who move primarily for what might be considered social reasons. Most commonly these are women and children who are moving to join their husbands who have found work abroad through the process of family reunion. It is worth reiterating, at the same time, that an increasing proportion of female migrants today are moving independently and for economic reasons.

The final main distinction is between legal and 'illegal' migrants – although as we shall see in Chapter 5 the term 'irregular' is possibly more accurate and probably less derogatory than 'illegal' when talking of migrants. The concept of 'irregular' migrants covers a wide range of people, principally migrants who enter a country either without documents or with forged documents, or migrants who enter legally but then stay after their visa or work permit has expired. As is explained below, it is more or less impossible to enumerate accurately irregular migrants worldwide, but what is sure is that there are far more legal migrants than irregular migrants.

Highly skilled migrants

A growing proportion of people who move for largely economic reasons are now classified as highly skilled migrants. Often their movement is facilitated by selective visa systems that allocate points according to the education and qualifications of the applicant. A particular type of highly skilled migrant is inter-corporate transferees (ICTs) – that is, people who move internationally but within the same firm. Worldwide there is also a significant international movement of students too, and they often are also included in the category of highly skilled migrants.

Categorizations always simplify reality, and this is true of the above migration categories in at least three ways. First, there is some overlap between the different categorizations. Thus most voluntary migrants are also economic migrants, and many forced migrants are political migrants or refugees.

Second, the sharp distinctions drawn between migrants within each categorization are often more blurred in reality. Very few migrations, for example, are purely voluntary or involuntary. Many large corporations, for instance, consider moving staff between international offices to be part of their training. So whilst employees moving within, say, IBM from New York to Tokyo are ostensibly moving voluntarily, they may have no option if they want to keep their job with that firm. At the other end of the spectrum, even refugees have choices other than to leave their own country. They might, for example, stay and take a risk that they can avoid being caught up in conflict, or move within their own country to a neighbouring village or town, or take sides in the conflict.

The same blurring applies to distinctions between economic and political migration. Consider the case of someone who leaves their home because they lose their job. On the face of it they are moving for economic reasons. But what if they have lost their job because of their race or religion or gender? In that case it might be argued that they are fleeing for political reasons. The analytical challenge here is to distinguish between underlying causes of migration and its immediate precipitants.

Third, and a related point, is that individuals can effectively 'transform' from one type of migrant to another within the various categorizations. A legal migrant may overstay his or her work permit and thus become classified as an irregular migrant. In 2005 there were almost 50,000 visa overstayers in Australia alone, according to government estimates. Or an individual might leave his or her country voluntarily but then not be able to return, as a result of the start of a war or a change of government, and thus effectively become an involuntary migrant, forced to stay outside their own country.

What do the statistics mean?

Another reason it is so hard to answer the question 'who is a migrant' is because it is difficult to count migrants. Let us focus for a few paragraphs on the case of the UK to illustrate this.

There are three very important observations to make about statistics on migration in the UK. First, even official migration statistics cannot provide a complete picture of international migration in the UK. To put this rather more bluntly, even the government cannot state with any confidence how many people enter or leave the country each year. The most obvious reason is that official migration statistics do not include irregular migrants. Statistics on irregular migrants in the UK are no more than guesses. Chapter 5 looks at statistics on irregular migration in more detail.

Second, there are important reservations surrounding the statistics on migration that the government does record. Most published statistics on migration into and out of the UK are based on the International Passenger Survey (IPS). This is a small sample survey of about 2,200 people conducted at sea and airports. Passengers are interviewed about their intentions of staying in the UK (or staying abroad, if leaving). Those who intend to stay in or out of the UK for a year or more, having lived abroad or in the UK for a year or more, are counted as migrants. One problem is coverage: only a tiny fraction of the population is interviewed and the results are scaled up. Another is that people's intentions often change – they may or may not stay or stay away as long as they intended. Adjustments are made to the IPS figures to try to take account of such problems.

There are two other main sources of data on migration flows in the UK. Work permits issued measure the entry of workers, but only from outside the European Economic Area (EEA) because work permits are not required by citizens of EEA member states. Asylum statistics show how many people apply for protection in the UK, but great care is required in interpreting them, as sometimes they include dependants (spouses and children) and sometimes not. Alternative indicators of numbers of migrants entering the UK include the Labour Force Survey, which records nationality and address one year ago, but again is based only on a sample of households. The national census also records address a year ago, but it does not record nationality (only country of birth), and it takes places only once every decade.

A final observation, which is of course true of any statistics, is that migration statistics can be presented in different ways to convey different messages. In 2002 about 100,000 asylum-seekers arrived in the UK. This figure can be portrayed very negatively indeed – it was higher than the number arriving in any other country in Western Europe; and it amounts to the population of a small city like Cambridge arriving every year. Alternatively, it might be compared with the total number of migrants who arrive in the UK each year, of which asylum-seekers in fact represent a relatively small proportion.

If the above sorts of problems are found in the UK, a small island and one of the most advanced economies in the world, imagine how difficult it is to count migrants elsewhere: in poor countries that do not have the necessary skills or expertise or capacity to monitor their borders; in countries with long land borders, or in places where sudden large-scale movements take place across borders.

Return migration

Returning home is one way that people stop being migrants – although often even after returning home people maintain elements of new practices and identities they have developed abroad. There are no global estimates on the scale of return migration, although most experts believe that it is substantial.

Data on return migration share many of the problems that characterize data on international migration more generally. Common problems include the difficulties of measuring the time dimension in migration, inconsistencies in recording changes of residence, and a lack of consensus over definitions of citizenship.

A particular problem is that the measurement of return migration has traditionally not been a priority in either countries of origin nor in host countries, as for neither set of countries has it generally been considered a problem in the same way that the emigration of nationals and immigration of non-nationals often have. Even where host and origin countries do purport to have recorded the same return flow, there can be significant differences in their estimations. A good example cited in a ground-breaking article on return migration by Russell King is that during the 1970s German data on Italian repatriation exceeded Italian statistics on return migration from Germany by a factor of at least two. Part of the reason for this sort of inconsistency can be gleaned from a more recent example from Poland, where return migration during the 1990s was substantial but remained uncounted in official statistics, simply because most Polish emigrants during the 1980s left without registering as emigrants. Similarly, in Turkey there are no institutions which record data in relation to the emigration or return of migrant workers – estimates on return rely only on data collected in host countries.

Of particular impact in the recent past has been the return of 'ethnic nationals' following the political changes in the former USSR and Central and Eastern Europe. The most significant returns were from the former USSR during the 1990s. Among the return flows were: 5.4 million ethnic Russians (returning from former Soviet states in the Baltics and Central Asia to Russia) between 1990 and 1995; 290,000 Ukrainians in 1992; 240,000 Tatars to Crimea by April 1996, 10,000 people of Latvian origin; 15,000 Finns between 1990 and 1996; 2 million ethnic Germans (*Aussiedler*) between 1987 and 1994, and 6,000 Pontian Greeks in 1996.

From migrants to citizens

Another way migration ends is through migrants becoming citizens in a new country. In some countries this is a relatively easy and quick process; in others it is virtually impossible for all but a select few. The explanation for this variation is less to do with the characteristics of the migrants themselves than with the histories, ideologies, and structures of the states involved.

Laws on citizenship and nationality derive from two alternative principles. One is *ius sanguinis* (law of the blood), according to which in order to become a citizen one needs to be descended from a national of the country in question. The alternative principle is known as *ius solis* (law of the soil), which is based on birth in the territory of the country.

In practice, all modern states have citizenship rules based on a combination of these two principles (Israel is an exception), although one or the other tends to be predominant (Table 2.1). Germany, for example, broadly followed the principle of *ius sanguinis* until a change of policy in 2000. This explains why even the children and grandchildren of post-war immigrants from Turkey, who were born and raised in Germany, have traditionally been excluded from German citizenship. It equally explains why, during the reunification of Germany, people whose families had lived outside Germany for a number of generations, mainly in Eastern Europe or the former Soviet Union, were automatically granted German citizenship. In contrast, Australia, Canada, the UK, and the USA, for example, broadly follow the principle of *ius solis,* so that any child born to a legal immigrant in that country is automatically entitled to citizenship there. Whatever the underlying principle for acquiring citizenship, most countries also permit migrants to become naturalized after being legally resident for a certain number of years: the *ius domicile* principle. The number of years varies widely, from just three years in Australia and Canada to ten years in Austria and Germany.

Not only do the rules governing acquisition of citizenship vary between countries, so too do the criteria of citizenship. Some countries, for example, permit dual nationality, and thus do not insist that an immigrant abandons his or her original nationality in order to become a citizen of the new country; in others this is not the case. As we shall see in the next section, the growth of dual and even triple nationality is one reason for the emergence of transnationalism among some migrant communities.

In addition, in some countries, full citizenship can only be acquired at the price of cultural assimilation, while other countries enable new citizens to maintain their distinct cultural identities. These outcomes arise from two competing models of integration. Assimilation is one model, which is a one-sided process whereby migrants are expected to give up their distinctive linguistic,

Table 2.1 Citizenship rules in selected countries

Country	Principle underlying citizenship	Period of residence for naturalization	Whether dual nationality allowed
Australia	Combination	3 years	Yes
Austria	*Ius sanguinis*	10 years	No
Belgium	Combination	5 years	Yes
Canada	*Ius soli*	3 years	Yes
France	*Ius sanguinis*	5 years	Yes
Germany	*Ius sanguinis* (until 2000)	10 years	No
Israel	Open to any resident Jew	0	Yes
Netherlands	*Ius sanguinis*	5 years	Yes
Sweden	*Ius sanguinis*	5 years	No
UK	Combination	5 years	Yes
USA	*Ius soli*	5 years	Yes

cultural, and social characteristics and become indistinguishable from the majority population. Broadly France follows this model. The main alternative is multiculturalism which refers to the development of immigrant populations into ethnic communities that remain distinguishable from the majority population with regard to language, culture, and social behaviour. Australia, Canada, the Netherlands, the UK, and the USA all follow variations on this model.

Migrants, diasporas, and transnational communities

Arguably just as important as how formal structures or host societies define who is and is not a migrant is the sense of identity of

> **What is integration?**
>
> **Integration can be defined simply as the process by which immigrants become accepted into society, both as individuals and groups. The Global Commission on International Migration considered integration to be 'a long-term and multi-dimensional process, requiring a commitment on the part of both migrants and non-migrant members of society to respect and adapt to each other, thereby enabling them to interact in a positive and peaceful manner' (*Migration in an Interconnected World* (GCIM, 2005, 44).**

migrants themselves. There has been a plethora of writing on this topic in the last few years, focusing in particular on two concepts: transnationalism and diasporas. Both concepts are complex and contested, and are defined here in as simple terms as possible.

The term diaspora has classical connotations and has normally been used to refer to the exodus of the Jews following the destruction of the Second Temple in 586 BC. Until its recent revival the concept was also at times applied to African slaves and to Armenians who fled the massacre perpetrated by the Ottoman Empire during and immediately after the First World War. What these experiences have in common are large-scale involuntary displacements and an inability to return home, coupled with a great yearning to do so.

To varying degrees these characteristics have been identified in more recent movements, and there has been a resurgence in the usage of the concept of diaspora. According to theorist Gabriel Sheffer in *Modern Diasporas in International Politics* (1986): 'Modern diasporas are ethnic minority groups of migrant origins residing and acting in host countries but maintaining strong sentimental and material links with their countries of origin – their homelands' (p. 3). Some critics feel that the concept is now used far too flexibly, to apply to almost any migrant group in any situation. As we shall see in Chapter 4, for example, it is now commonly used in the context of any migrant group that makes material contributions to the development of their country of origin.

'New' African diasporas

Given that African slaves comprised one of the few groups to which the concept diaspora was traditionally applied, it is interesting that it is now being adopted by more recent African migrants to describe themselves and their organizations. During research among various African communities in London, one question I asked was why they were using the term. Three reasons emerged. One was the perception on the part of these communities that there are fewer negative connotations currently associated with the term diaspora than with the terms 'immigrant', 'refugee', or 'asylum-seeker'. Perhaps as a result of its long-standing association with the dispersal of Jews and African slaves, the term has yet to be adopted in a derogatory manner. Second, for at least some communities the term appears to be 'self-motivational'. Diaspora is becoming a 'buzzword' rather like globalization, and for some communities it appears to have connotations with which they are keen to be associated. Finally, for at least some communities, there is a sense that their experiences in some way compare with those of the original diasporas – that they too are victims, just as were dispersed Jews and African slaves.

A related concept is that of 'transnational communities'. In very simple terms, the idea is that some migrants have begun to live 'in between' nations. They maintain sustained social, economic, and political contacts with people and places in their country of origin that transcend national boundaries. According to leading migration scholar Alejandro Portes (in *International Migration Review*, 31 (1997)), transnational communities comprise

> Dense networks across political borders created by immigrants in their quest for economic advancement and social recognition. Through these networks, an increasing number of people are able to live dual lives. Participants are often bilingual, move easily between cultures, frequently maintain homes in two countries, and pursue economic, political and cultural interests that require their presence in both.
>
> (812)

By implication, these people are beginning to escape the confines of political definitions such as immigrant or citizen. Stephen Castles, one of the world's leading migration scholars, considers the implications for citizenship of transnationalism as follows (in R. Iredale *et al.* (eds), *Migration in Asia-Pacific* (Edward Elgar, 2003)):

> Transnationalism will inevitably lead to a rapid rise in multiple citizenship – creating the phenomenon most feared by nationalists – the potentially divided loyalties of people with an instrumental rather than emotional attribute toward state membership. The growth of transnationalism may in the long run lead to a rethinking of the very contents of citizenship.
>
> (19)

Chapter 3
Migration and globalization

International migration is an important dimension of globalization, and has become increasingly embedded in changes in global economic and social structures. Growing developmental, demographic, and democratic disparities provide powerful incentives to move, as does the global jobs crisis affecting large parts of the developing world. The segmentation of labour markets in richer countries is creating increasing demand for migrant workers there. A revolution in communications has facilitated growing awareness of disparities and opportunities for would-be migrants, while transformations in transportation have made mobility cheaper and more readily accessible. Migration networks have expanded rapidly and further facilitate migration. New individual rights and entitlements allow certain people to cross borders and stay abroad more easily. And the growth of a migration industry adds further momentum to international migration, even where it is not officially permitted. In sum, this chapter shows why there are more reasons and additional means to migrate than ever before.

Growing disparities

Development is a difficult concept to measure. The United Nations Development Project (UNDP) has developed a widely cited Human Development Index (HDI), which ranks countries

What is globalization?

The concept of globalization is complex and contested. David Held, a leading theorist of globalization, has provided the following definition: 'Globalization may be thought of as a process (or set of processes) which embodies a transformation in the spatial organization of social relations and transactions – assessed in terms of their extensity, intensity, velocity and impact – generating transcontinental or interregional flows and networks of activity, interaction, and the exercise of power' (*Global Transformations* (Polity, 1999), 2). These processes have already resulted in an increase in the goods, ideas, information, and capital flowing across borders and many commentators argue that globalization is also increasing the flow of people across borders too.

according to a combination of three dimensions – income, health, and education. According to the 2005 report, while the HDI has risen across the developed world and most of the developing world, there have been unprecedented reversals in some of the very poorest countries. Eighteen countries recorded lower HDIs in 2005 than they had in 1980; 12 of them were in sub-Saharan Africa. Not only is human welfare in those countries therefore deteriorating, at the same time the gaps between these countries and the rest of the world are increasing.

Some of the statistics provided by UNDP are very depressing indeed. Around 550 million of the people in work around the world earn less than one US dollar per day. More than 850 million people, including one in three pre-school children worldwide, suffer from malnutrition. More than one billion people lack access to safe water and 2.6 billion do not have adequate sanitation. Worldwide about 115 million children are denied even basic primary education – most of them in sub-Saharan Africa and South Asia. On average girls can expect to receive one year less of education than boys in African and Arab states and two years less in South Asia. In the developing world as a whole, only 58 per cent of women are literate, compared with 68 per cent of men.

A lack of development is compounded by growing population pressure. Almost 5 billion people, or 80 per cent of the world's population, currently live in poor or at best middle-income countries. While many of the world's more prosperous countries have declining populations, they are burgeoning in many poorer countries: virtually all of the world's population growth currently takes place in developing nations. The average woman in Africa today has 5.2 children while the average European woman has just 1.4. These trends mean that the share of the world's residents in developing countries will rise even further. And as a result of such high rates of childbirth in the developing world, there is also a far higher proportion of younger people there than in the developed world.

It is no coincidence that a good number of poor countries are also states where the democratic process is fragile, where the rule of law is weak, and where corruption is rife. By migrating, people try to protect themselves and their families against the effects of a weak economy and volatile market, and from political crises, armed conflicts, and other risks. In some cases, people are forced to flee as refugees, as the state can no longer protect them from the impact of conflict or from persecution. In the very worst cases, it is the states themselves that are responsible for these offences.

But it is important to stress that it is not necessarily underdevelopment or overpopulation or poor governance *per se* that cause migration, but rather differentials between different parts of the world. Per capita Gross Domestic Product (GDP), which is the most commonly used economic indicator for what people earn, is 66 times higher in the developed world than in the developing world. A child born in Burkina Faso today can expect to live 35 fewer years than a child born in Japan; and somebody born in India can expect to live 14 fewer years than somebody born in the United States. Limited school enrolment and low literacy levels in poorer countries compare with almost universal enrolment and full literacy in the richer ones. And with very few exceptions the most corrupt and undemocratic governments are in the poorest countries.

The global jobs crisis

One of the most powerful incentives to migrate is to find work. Although there are important variations, overall unemployment has reduced in the developed world in recent years. In contrast it has increased or remained at a stable but high level in most of the developing world. The highest incidence of unemployment in the world's major regions is in the Middle East and North Africa at over 12 per cent, compared with about 6 per cent across the industrialized economies.

Being out of work is not the only dimension of the current global jobs crisis. Many people are underemployed. Usually they work in the informal sector, where employment is unpredictable; opportunities come and go by the season and in some cases by the week or even day, and working conditions can be appalling. Even for those who are employed, wages are often barely sufficient for survival. UNDP estimates that, although poverty is likely to decrease, it will still remain substantial for the foreseeable future, and that in 2015 some 380 million people will still be trying to survive on less that one US dollar per day. Another aspect of the global jobs crisis is the 12 million people estimated by the International Labour Organization (ILO) to currently be working in situations of forced labour.

A population that is under particular stress in the developing world relies on agriculture for their income. They comprise about half of the entire labour force – some 1.3 billion people. Many have small farms that are threatened by commercial expansion and environmental degradation. They are also often taxed disproportionately because of their weak political position. The income gap between farming and non-farming activities in developing countries has increased dramatically in recent years. One result has been increasing rural–urban migration, as farmers and their families head for towns and cities to try to find a better source of livelihood. For many of these people, internal migration to the city is the first step towards international migration out of their country.

The segmentation of labour markets

High-income economies are increasingly becoming characterized by the segmentation of labour markets. This occurs where sectors of the labour market are eschewed by native workers because they are low-paying, have little security, and are low status, and thus have become dominated by migrant workers. These are often described as '3D jobs' – entailing work that is dirty, dangerous, or difficult, and often a combination. They are concentrated in sectors such as agriculture, timber, plantations, heavy industry, construction, and domestic service. Research shows that, even in times of economic downturn, native workers are reluctant to work in these jobs, and so demand for migrant workers continues to some extent irrespective of economic trends.

Often the migrants who work in these sectors are undocumented or have irregular status, for they more than others are willing to work for very low wages and in insecure conditions. In the USA it is often irregular Mexican migrants who work the farms, in the Russian Federation irregular migrants keep heavy industry working, and in the UK and several other European countries construction, the food industry, and many services rely on irregular migrants. If your pizza

3. Undocumented migrant farm workers in North Carolina, USA

last night was pleasingly cheap, it may well be because the people working in the kitchen have irregular status and are therefore earning less than the minimum wage. The advantage for employers is that irregular migrants are flexible and cheap. The migrants themselves, however, are often exploited and abused.

The communications and transportation revolutions

The communications revolution is a central element of the globalization process. Much of the academic literature on globalization has focused on the recent explosion in hi-tech developments such as email and the internet, electronic bulletin boards and satellite television stations, as well as cell phones and cheap international telephone calls. It has been estimated, for example, that between 1990 and 2000 the number of telephone lines worldwide increased from 700 million to 2.5 billion, while the number of internet users increased from scarcely one million to over one billion. This revolution has facilitated increasing global linkages and, in effect, reduced the distance between different parts of the world. It is relevant to migration for two reasons. First, it makes people aware of disparities, of what life is like in other parts of the world. Second, it makes people aware of opportunities to move and to work abroad.

The cell phone revolution in Africa

It is estimated that worldwide there are 2.4 billion cell phone users, and that 1,000 new customers subscribe every minute. Fifty-nine per cent of cell phone users are based in developing countries, making cell phones the first telecommunications technology in history to have more users there than in the developed world. Cell phone usage in Africa is growing faster than in any other region and jumped from 63 million users two years ago to 152 million today. There 3.2 million cell phone customers in the Democratic Republic of Congo alone, and 8,000 new cell phone customers sign up each day. This compares with just 20,000 conventional land lines there.

At the same time it is possible to overstate the communications revolution. There is still a significant global 'digital divide', which is the term given to the gap in access to information resources that exists between poor and rich countries. This was most strikingly illustrated in a speech by the UN Secretary-General Kofi Annan in 2000, when he said that 'Half the world's population has never

4. Homeless man sitting next to an internet café in Bangalore, India

made or received a phone call', although this statistic has been widely debated ever since. Bridging the digital divide is nevertheless considered important for achieving global equality, increasing social mobility, encouraging democracy, and promoting economic growth.

Another 'revolution' often referred to in the globalization literature is in transportation. This refers, on the one hand, to the increasing range of options for international travel and, on the other, to decreasing costs. It has particularly arisen because of the proliferation of competition between airline companies. Once again it would be a mistake to assume that this revolution has reached every part of the world, but it is nevertheless estimated that today it costs no more than US$2,500 to travel legally between any two places in the world. As we shall see in Chapter 5, it can be far more expensive – but is still possible – to travel illegally. If the communications revolution has made many would-be migrants more aware of reasons to migrate, the transportation revolution has made migration more feasible. Once again, however, it is important not to overestimate its impact: travelling internationally is still prohibitively expensive for the majority of the world's population, and many face administrative obstacles such as obtaining passports and visas.

Migration networks

Most migrants move to countries where they have friends or family already established, forming what are often referred to as transnational migration networks. It has been argued that one of the main reasons why migration is increasing today is these migration networks, which establish a self-perpetuating cycle. The expansion of migration means that more people than ever before have friends or family already living abroad, and the changing geography of migration means that more often than previously these networks link would-be migrants in poor countries with potential destinations in richer countries.

Migration networks have been shown to encourage migration in three main ways. First, they provide information, often taking advantage of the new communications technology described above. Second, they finance trips by lending would-be migrants money. Third, they have also been shown to play a crucial role in helping new migrants to settle, by providing an initial place to stay, helping them find a job, and providing other economic and social assistance.

Research has demonstrated that the character of migration networks varies considerably depending on local histories of migration, national conditions, and socio-cultural traits of the migrants involved. An important general observation about migration networks, nevertheless, is that they continue to operate largely regardless of the level of economic prosperity in destination countries. Research also indicates that it is difficult for policy to disrupt the momentum associated with migration networks.

New rights and entitlements

There has been a significant expansion of rights and entitlements that allow certain people to cross borders and stay abroad far more easily than ever before. The dismantling of internal borders in the European Union (EU), for example, allows for the free movement of EU citizens within the region, while the North American Free Trade Agreement (NAFTA) and regional economic agreements in other parts of the world, including Africa and South America, also contain some provisions for the free movement of workers. Furthermore, certain categories of people – such as businesspeople, academics and students, sports and entertainment performers – often either do not require visas or can apply via fast-track procedures. More countries than ever before also allow long-term migrant workers to be joined by members of their immediate family. And towards the other end of the migration spectrum, most countries in the world have signed the 1951 UN Refugee Convention which, as we shall see in Chapter 6, guarantees protection and assistance to refugees outside their country.

The extent of these new rights and entitlements can, however, be exaggerated. The free movement of labour has not yet been realized in most regional economic agreements outside the EU. In the USA security concerns have impacted on immigration policies to the extent that the number of H1-B visas issued to specialist and expert immigrants has more than halved since 9/11. Applicants for family reunion face increasingly rigorous administrative processes. There are also increasing restrictions on the mobility of many other people – the low-skilled and asylum-seekers, for example.

The migration industry

Migration is facilitated by a wide range of individuals and agents including labour recruiters, immigration lawyers, travel agents, brokers, housing providers, remittances agencies, immigration and customs officials, as well as by entire institutions such as the International Organization for Migration (IOM), which is often responsible for transporting migrants and refugees for official resettlement or return programmes, and NGOs that provide assistance and shelter to migrants and refugees. These have been described by some analysts as forming a new migration 'industry' or migration 'business', that just like any other business stands to make a commercial gain. As I shall explain in Chapter 5 there is also an illegitimate part of the migration industry, comprising human traffickers and migrant smugglers.

The enormous profits that the immigration industry makes from migration, it has been argued, add considerable momentum to the process. At the same time its increasing complexity – linking highly organized groups with small operators and subagents in origin, transit, and destination countries – makes it difficult for policy to intervene to reduce its impact.

Explaining migration

This chapter has briefly explained some of the key structural changes in the global economy that together provide increasing incentives and opportunities for people to migrate. Yet these need to be reconciled with the fact that still only about 3 per cent of the world's population is an international migrant. Given growing

The migration industry in historical perspective

The migration industry is not new, although its scale and profit are new characteristics. Writing in 1977 about emigration from Italy to the USA at the end of the 19th century, historian Robert Harney coined the term 'the commerce of migration' when he wrote that: 'It is clear that bureaucrat, notary, lawyer, innkeeper, loan shark, *mercante di campagna*, runners in the harbour city, agents, even train conductors depended on the emigration trade' ('The Commerce of Migration', *Canadian Ethnic Studies*, 9: 42). Jorge Durand also described the prominent role played by recruiters in encouraging migration from central western Mexico to the USA at the end of the 19th century by connecting the workforces of that region with industries that needed their labour in the American south-west.

inequalities, widening awareness of opportunities for a better life elsewhere, and increasing access to transportation, a legitimate question to ask is why do so few people migrate?

Some of the answers to this question have already been alluded to. The very poorest people, those most affected by global inequalities, simply cannot afford to move. Many people who do migrate in response to poverty move internally, normally from the countryside to the city, and not internationally. There are far more unemployed or underemployed people in the poor world than jobs for them even in the segmented labour markets of the rich economies. The communications and transportation revolution are not as far-reaching as some commentators believe, nor are migration networks. Rights and entitlements to move on the whole apply to the privileged few. And the migration industry depends on profit and so has an incentive to keep migration costs up.

At least three other reasons emerge from the literature. The most important is inertia. Most people do not want to move away from family, friends, and a familiar culture, so most people stay in the country where they were born. Another reason is that governments can control migration. Some countries used to stop people leaving, but since the collapse of the Soviet Union and end of the cold war this is rarely the case anymore. Much more common today are destination countries controlling migration – although their efforts are not always effective. An additional reason is that, as countries develop, emigration eventually reduces, and despite the depressing statistics earlier in this chapter, most countries in the world are developing albeit at times at a painfully slow rate. The next chapter turns to the links between migration and development.

Chapter 4
Migration and development

International migration is related with development in two main ways. The previous chapter considered one, namely how disparities in development can be an incentive to migrate. This chapter considers the relationship in reverse, asking how international migration impacts on development in origin countries. On the positive side, migrants send home vast sums of money and make other contributions from abroad too, and when they return they can bring home new skills, experiences, and contacts. On the negative side, and as already alluded to in the very first chapter, migration can deplete countries of skills that are in short supply through the 'brain drain'.

Remittances

The term remittance usually refers to money sent home by migrants abroad. As I hope has become clear by now, almost everything related to migration is difficult to quantify accurately, and this is certainly true of remittances. While some money is sent home through banking systems and thus can be formally tracked, it is likely that more is sent home through informal channels. One reason is the high costs that are often charged by banks and agents (Table 4.1). Channels for informal remittances include migrants taking home cash when they return for visits, or sending home money with friends or relatives. Sometimes entrepreneurs and traders who travel regularly to and from home carry money back for migrants for a small commission – in Cuba, for example, these entrepreneurs are known as *mulas*. Perhaps the most elaborate mechanism for informal transfers, however, is the Somali *hawilaad* system. The point is that the scale of these informal transfers is simply not known. Furthermore, even formal remittances cannot always be accurately quantified, as banks are often unwilling or unable to release specific details about personal transfers.

These data problems notwithstanding, the World Bank produces annual estimates of the scale of remittances worldwide. They estimate that in 2004 some US$150 billion was sent home by migrants, and forecasts indicate that the figure was closer to US$200 billion in 2005. These are quite staggering sums. They are also striking because they represent a 50 per cent increase in the flow of remittances in just five years – the main reason being the impact of globalization. According to some analysts, in terms of

5. Billboard advertising an international money transfer company in Mogadishu, Somalia

Table 4.1 Average charges for remitting to selected countries from the USA in 2004

Country	% of remittance amount
Mozambique	1.0
Turkey	4.9
Portugal	5.0
Ecuador	5.6
Pakistan	5.7
El Salvador	6.0
Colombia	6.2
Peru	6.5
Greece	7.1
India	8.1
Philippines	8.2
Bolivia	8.4
Dominican Republic	8.4
Mexico	9.2
Venezuela	10.5
Egypt	13.8

Source: UNDESA, *World Economic and Social Survey: International Migration* (New York: UN, 2004)

value formal remittances now represent the second largest transfer of any legal commodity (thus excluding narcotics) worldwide, after oil. In developing countries remittances are the most important source of external funding after corporate investments, and they amount to almost three times the value of donations through development assistance and charity. What is more, there are some estimates that the scale of informal remittances may be as much as double that of formal remittances. If that is true, the total value of remittances may be as much as US$450 billion each year.

The *hawilaad* system

The *hawilaad* (or *xawilaad*) system is based on Somali traders. They collect hard currency from Somali migrants abroad then use the money to purchase commodities that can be sold in Somalia. They return periodically to Somalia, sell their goods, then pay the equivalent in Somali currency to the migrants' families. Profit made on the sale of the goods effectively becomes the traders' commission. This system of transfer is very common among Somali communities across the world. In the aftermath of 9/11 attempts were made to monitor it or close it down, because of some evidence that funding for the attacks was channelled through Somalia. However, the system has proved hard to formalize, and still appears to be widespread.

The top three remittance receiving countries in 2004 were Mexico (US$16 billion), India (US$9.9 billion), and the Philippines (US$8.5 billion). However, remittances as a proportion of GDP were highest in small countries, amounting to 23 per cent in Jordan, 27 per cent in Lesotho, and 37 per cent in Tonga. It is also worth observing that compared with other developing regions, sub-Saharan Africa received the lowest level of remittances, amounting to just 1.5 per cent of the global total. The top countries from which remittances were sent in 2004 were the United States (US$28 billion), Saudi Arabia (US$15 billion), and Belgium, Germany, and Switzerland (US$8 billion each).

There is still significant debate about the impact of remittances at home. It is clear that they benefit those who receive them directly – who are often amongst the poorest in society. Remittances can lift people out of poverty: it has been estimated that in Somaliland, for

Remittances, globalization and the '3Ts'

The main reason remittances have increased so rapidly in recent years is the globalization process. Specifically, there are '3Ts' that have been generated by globalization and, at the same time, promote remittances. One is transportation – particularly cheap air transportation. The second is the growth in tourism – many migrants carry home money when they visit for a holiday. The third is telecommunications – cheap telephone calls and widening internet access mean that migrants and their families can stay in contact more regularly than previously, and friends and families can request assistance more easily.

example, the average household income is doubled by remittances; whilst in Lesotho they represent up to 80 per cent of the income of rural households. Besides increasing incomes remittances also diversify them, meaning that households are less reliant on a single source of income. In this way remittances also provide an insurance against risk. Often, in addition, they are spent on the education of children and healthcare for the elderly.

The extent to which remittances benefit those outside the immediate family, however, largely depends on how the money is spent. If used to establish small businesses, for example, or invested in community-based enterprises such as wells or schools or health clinics, then remittances can provide employment and services for people other than the direct recipients. On the other hand, if as is often the case they are spent on consumer goods such as cars and televisions, or repaying debt, their wider benefit is limited. Additionally, where some households receive remittances and others do not, disparities between households can be exacerbated and communities undermined. It is also worth remembering that migrants tend to originate in certain parts of origin countries, which means their remittances can increase regional disparities too. There is also some evidence that remittances can be used to pay migrant smugglers to help family members migrate in an irregular fashion to richer countries.

Remittances have attracted an enormous amount of positive press recently, not just in the media, but also in academic and policy circles. But it is worth sounding a few warning bells too. First, not enough attention has been paid to the difficulties encountered through the separation of migrants from their families at home, sometimes for long periods of time. Sending money home cannot always compensate for being away from a partner, or missing out on watching children grow up, or taking care of elderly parents.

Second, the social pressures on migrants to send money home should not be underestimated. Migrants may be unemployed, in insecure jobs, or earning very low wages, and yet people back at home often expect them to send significant sums of money. Interestingly, research has demonstrated that this is often because migrants mislead their families about what they are actually doing and how much they are earning. If your parents had sold their property to be able to afford to send you to Paris, say, you might be forgiven for wanting them to believe that you had found a nice apartment and an interesting job, rather than to know you were sharing a room with six other people and cleaning the streets. Or working as a prostitute.

Finally, receiving remittances can create a 'culture of migration' in origin countries, whereby young people see the apparent rewards of migrating and place unrealistic expectations on moving abroad. Alternatively, relying on remittances can be a disincentive for some people at home to work at all.

A particularly interesting idea to emerge from the academic

Pressures to remit

I interviewed about 100 Eritrean migrants and refugees in the UK, Germany, and the USA between 1999 and 2001, when their country was at war with neighbouring Ethiopia. During the conflict there was particular pressure on them to send money home, as many of the young men at home had been conscripted into the army, further depleting their households of a source of income. At one event in an Eritrean community centre in Berlin, certificates were being given out to congratulate members for supporting their country by sending money home. There was one participant who had not sent money home in the past month, as he had recently lost his job. He was enormously embarrassed and ashamed to be the only person not to receive a certificate and a round of applause, and left the meeting early and close to tears. Although these were unusual circumstances, this example highlights the pressure that migrants face to remit, not just from people at home but also from their contemporaries abroad.

literature in recent years is 'social remittances', particularly associated with the research of Peggy Levitt. What this refers to is that people send home not just money, but also can transmit new ideas, social and cultural practices, and codes of conduct. This can take place at the family level, for example, where a parent returns on holiday from working abroad and teaches a child new ideas. It can happen on a more formal basis where migrants contribute to the media in their country of origin. But perhaps the most powerful way it takes place today is via the internet. Although as we saw in Chapter 3 access is still very limited in many poor countries, opinion formers such as politicians and journalists in such countries often do use the internet, and thus can be influenced by email campaigns or discussions in internet chat rooms.

Diasporas

Where there are considerable numbers of migrants from one town or city, region, or country living together in the same country of destination, they often come together in formal organizations. These organizations take a variety of forms. They include professional associations – bringing together migrant doctors, lawyers, or teachers from the same origin, for example. They also include organizations based on common interests such as sport, religion, gender, charitable work, and development. Another type of organization is Home Town Associations (HTAs) that bring together people from the same town or city who focus their activities in development on their home town. As already indicated in Chapter 2, the catch-all term diaspora is often used to describe these various migrant organizations.

Home Town Associations

Mexican HTAs have a long history – the most prominent were established in the 1950s. There are currently over 600 Mexican HTAs in 30 cities in the USA. They support public works in their localities of origin, including the construction of public infrastructure (for example, new roads and road repairs), donating equipment (for example, ambulances and medical equipment), and promoting education (for example, establishing scholarship programmes, constructing schools, and providing school supplies).

These diaspora organizations commonly collect donations from their membership and send them back to the country of origin for specific purposes. As illustrated in the box, these purposes can be for ongoing development. They can also be for emergency assistance. Diaspora organizations rallied quickly to send home money, medical equipment, tents, and food in response to the 2005 earthquake in northern Pakistan, for example.

As well as making economic contributions by sending home money and material goods, diaspora organizations can also participate in the political, social, and cultural affairs of their home country and community. The most obvious political contribution is through voting in national (and sometimes local) elections at home, from abroad. In the extraordinarily close US election in 2000, when George W. Bush narrowly defeated Al Gore, the outcome in certain states turned on the votes of overseas US citizens. During the 1993 Referendum on Independence in Eritrea, it is estimated that 98 per cent of overseas Eritreans who were entitled to vote did so. The Eritrean example provides other examples of how diaspora organizations can contribute politically. After independence, for example, representatives of Eritrean diaspora organizations were formally included in the committee responsible for drafting the country's constitution.

The contribution of diaspora organizations to social and cultural life is harder to measure, but can have an equally important impact. A good example is in Somaliland, where Somali diaspora organizations largely paid for the construction of the University of Hargeisa and Amoud University in Boorama. What is more, overseas Somali academics have returned on sabbatical arrangements to teach at the universities, and train young Somali university teachers. Technological innovation increasingly means that diaspora organizations can also contribute without physically returning, for example, through internet training programmes and video-conferencing. This is sometimes referred to as 'virtual return'.

An increasing number of countries worldwide are beginning to realize the potential contribution that diaspora organizations can make, and are making efforts to mobilize the diaspora to contribute still further. This can take place on a very formal basis – Mexico has a cabinet minister responsible for relations with overseas Mexicans. It can also take place less formally, for example, through sending representatives to lecture to organizations in various destination countries.

Just as it is worth posting certain reservations regarding remittances, so it is regarding the potential contribution of diaspora organizations. One reason is that, while diasporas can contribute to development; they can also contribute to warfare. Remittances from Ethiopian and Eritrean diaspora organizations certainly helped fund the conflict between these two countries. In addition, diaspora organizations are often dominated by a particular religious or ethnic group, and their contributions often target those particular groups, thus exacerbating disparities. An associated point is that diaspora organizations are often comprised of the educated and elite and their contributions reflect this. Building a university, for example, probably does not directly benefit poor rural peasants.

Return

Besides sending home remittances and making a collective contribution through diaspora organizations, a third way migrants can potentially contribute to development is by returning. Migrants can bring home savings from abroad to invest at home when they return, often establishing small businesses, for example. They can come home with a good network of contacts abroad that can form the basis for small-scale trade and import–export activities. As alluded to above, they can also bring back new ideas which can spur entrepreneurial attitudes and activities among the people with whom they settle on return.

Once again, it is important not to overestimate the impact of return. Some people return because they have not succeeded abroad – they may come home with no savings and no new experiences and return to whatever they did before leaving. It is often the case that migrants go home to retire, having spent their working lives abroad. While they may take home money and experiences, they are not economically active themselves upon return. Also, the extent to which return has an impact really depends on conditions at home. If there is no access to land, or taxes are too high, or there is an inadequate supply of skilled labour, for example, return migrants with good intentions to set up a new business can easily become frustrated and have their plans thwarted.

As indicated in Chapters 1 and 2, there appears to be a growing tendency towards 'circular migration', whereby migrants return home for a short period of time then migrate again. There is some debate, particularly in policy circles, about whether these short-term returns can also contribute to development. Limited research among Indian workers in the Gulf States who go home for holidays suggests that their visits can provide an immediate boost to local economies. One reason is that migrants who go home for a short period of time often effectively show off – they lavish money on friends and family and engage in conspicuous consumption – buying gifts and meals and drinks.

The brain drain

Where there are high levels of unemployment at home, emigration can be positive in that it reduces competition for limited jobs. This is one reason why the government of the Philippines, for example, positively encourages emigration; another of course is the money these migrants send home.

Migration, however, can be selective, and those who leave are at times among the most entrepreneurial, best educated, and brightest in society. If their particular skills are readily available, once again this need not be a problem. India, for example, can afford computer experts and technical workers to leave in substantial numbers, as so many young people in India today have these skills. It is more usually the case, however, that these movements deplete the country of origin of skills that are scarce. This process is usually referred to as the brain drain. Besides removing skills, the brain drain also means that countries do not see any return on the investment in educating and training its own citizens.

The brain drain is a global phenomenon. For many years, for example, there have been concerns that the best scientists in Europe are leaving for North America, where salaries are higher, research grants are more generous, and equipment is better.

The process, however, has received most attention in poorer countries. Of special concern is the migration of health personnel – nurses and doctors – from countries in sub-Saharan Africa. Some of the figures are startling. Since 2000, for example, nearly 16,000 nurses from sub-Saharan Africa have registered to work in the UK alone. Only 50 out of 600 doctors trained since independence are still practising in Zambia. It has been estimated that there are currently more Malawian doctors practising in the city of Manchester in England, than in the whole of Malawi. It is worth referring back to the data provided in the last chapter, for example, on infant mortality and disease rates in poorer countries like Malawi, to understand why the absence of doctors can have such a negative impact on their development.

Although it has attracted less attention, it is also worth mentioning that there are growing concerns about the brain drain of teachers from Africa. Again, commentary on enrolment rates and literacy provided in the last chapter demonstrate why this should be so worrying.

Reactions to the brain drain are divided. It can be argued that the brain drain represents people moving in order to improve their lives and realize their potential, and that there is nothing wrong with that. In addition, if their own countries cannot provide adequate employment, career opportunities, and incentives to stay, then the problem lies with those countries. On the other hand, there has been criticism of the richer countries to which skilled migrants head, especially where they are actively recruiting those skills. Some countries have been accused of going around the world 'cherry-picking' the best people and leaving the rest behind. Some commentators believe that the richer countries should compensate poorer countries for their loss of skilled people. An alternative is more ethical recruitment procedures that avoid selecting staff from sectors and countries where their skills are in particularly short supply. In the longer term, as I shall explain in Chapter 8, temporary migration programmes, which provide for the return of migrants to their country of origin after a fixed period working abroad, may be a more sustainable response to the challenge.

Chapter 5
Irregular migration

Migrants who move in an irregular fashion leave their countries for exactly the same motivations as any other migrants. The reason that increasing numbers of migrants are moving in an irregular rather than a legal way is mainly because of increasing restrictions on legal movements, mostly in destination countries. More people than ever before want to move, but there are proportionately fewer legal opportunities for them to do so. As we shall see later in this chapter, a multi-billion dollar industry has developed around the desire of people to move despite legal restrictions, in the form of human trafficking and migrant smuggling.

What is irregular migration?

Readers will by now have noticed that I have opted to use the terms 'irregular' migrant and 'irregular' migration, deliberately avoiding the more commonly used 'illegal'. The most powerful criticism of the term 'illegal' is that defining people as 'illegal' denies their humanity: a human being cannot be illegal. It can easily be forgotten that migrants are people and they have rights whatever their legal status. Another criticism is the connotation of the term 'illegal' with criminality. Most irregular migrants are not criminals, although by definition most have breached administrative rules and regulations.

6. Migrants at the US border fence in Tijuana, Mexico

The two other terms that are often used in this context are 'undocumented' and 'unauthorized'. The former is avoided here because of its ambiguity. It is sometimes used to denote migrants who have not been documented (or recorded), and sometimes to describe migrants without documents (passports or work permits, for example). In addition, neither situation necessarily applies to all irregular migrants – many are known to the authorities and many do have documents – yet the term 'undocumented' is still often used to cover them all. Similarly, not all irregular migrants are necessarily unauthorized, and so this term too is often used imprecisely. Irregular migration is an awkward term, but I consider it the best of the commonly used alternatives.

Irregular migration is itself a complex and diverse concept that requires careful clarification. First, it is important to recognize that there are lots of ways that a migrant can become irregular. Irregular migration includes people who enter a country without the proper authority, for example, by entering without passing through a border control or entering with fraudulent documents. It also includes people who may have entered a country perfectly legally, but then remain there in contravention of their authority, for example, by staying after the expiry of a visa or work permit, through sham marriages or fake adoptions, as bogus students or fraudulently self-employed. The term also includes people moved by migrant smugglers or human traffickers, and those who deliberately abuse the asylum system.

Who is an irregular migrant?

In 2001, 58 Chinese people were found dead in the back of a truck in the UK port of Dover. In a single BBC broadcast, lasting no more than one minute, they were described as 'illegal migrants' and 'economic migrants'. The only certain thing is that these people had entered the UK illegally, without presenting themselves to the authorities at the border – so the description 'illegal' or preferably 'irregular' is indeed accurate. As we saw in Chapter 2, an economic migrant is someone who has left their home country to find work. As they were, tragically, already dead, no one knows why they left China. It may have been to work, but it may have been to escape. Even if the latter is true, however, none of them had actually submitted an application for asylum and so strictly none were asylumseekers; and certainly none had been granted refugee status.

Second, there are important regional differences in the way that the concept irregular migration is applied. In Europe, for example, where the entry of people from outside the European Union (EU) is closely controlled, it is relatively easy to define and identify migrants with irregular status. That is not the case in many parts of Africa, where borders are porous, ethnic and linguistic groups straddle state borders, some people belong to nomadic communities, and many people do not have proof of their place of birth or citizenship.

A final complexity arises because, as was indicated in Chapter 2, migrants' status can change, often quite literally overnight. A migrant can enter a country in an irregular fashion, but then regularize their status, for example, by applying for asylum or entering a regularization programme. Conversely, a migrant can enter regularly then become irregular when they work without a work permit or overstay a visa. A large number of irregular migrants in Australia, for example, are UK citizens – often students in their gap year – who have stayed beyond the expiry of their visa. Asylum-seekers can become irregular migrants when their application is rejected and they stay on without authority. More generally, a growing proportion of international migrants undertake long-distance journeys that take them from one part of the globe to another, transiting through a number of countries on their way to their final destination. In the course of a single journey, it is quite possible for a migrant to slip in and out of irregularity, according to the visa requirements of the countries concerned.

How many irregular migrants are there?

The analysis of irregular migration is further hampered by a serious lack of accurate data, making it difficult to identify trends or to compare the scale of the phenomenon in different parts of the world. One reason is conceptual – as we have seen, the term covers a range of people who can be in an irregular situation for different reasons, and people can switch from a regular to irregular status, or vice versa.

Another reason is methodological. Counting irregular migrants is an imprecise science to say the least. People without regular status are likely to avoid speaking to the authorities for fear of detection, and thus go unrecorded. Most observers agree that the majority of irregular migrants are not recorded. Various methods have been used to try to estimate numbers of irregular migrants, although it needs to be emphasized that none of these is comprehensive. In some countries amnesties are periodically declared, whereby foreign nationals residing or working without legal authority can regularize their status. Direct surveys of irregular migrants have been attempted, although access is difficult. It is possible to compare different sources of recorded migration data and population data to highlight discrepancies that might be accounted for by irregular migration. Finally, surveys of employers can indirectly reveal foreign workers without legal status.

With the exception of those who are deported, nor is it possible to count how many irregular migrants return home. Research has indicated that it is a mistake to assume that all irregular migrants stay permanently. Many appear to come to destination countries with a specific – usually financial – target in mind, for example, to earn enough money to build a house or educate children or pay off a debt.

Another problem is access to data – however limited it may be – that has been collected. In many states such data are collected by enforcement agencies and are not made publicly available. Alternatively, information and data that may establish a person's irregular status are frequently dispersed between different agencies such as government departments, the police, and employment offices. International cooperation on data collection is even more problematic. There is no authoritative source on global trends and numbers in irregular migration, and the available sources are not comprehensive.

There is, however, a broad consensus that, as the number of international migrants has increased, so too has the global scale of irregular migration. Most estimates of irregular migration are at the national level. It is estimated, for example, that there are over 10 million irregular migrants in the USA, accounting for nearly one-third of the foreign-born population there. Over half these irregular migrants are Mexican; indeed according to some estimates about half the Mexican-born population in the USA, or almost 5 million people, are irregular migrants. Despite increased efforts at border control, about 500,000 additional migrants enter the USA without authorization each year. It is also estimated that there are between 3.5 and 5 million irregular migrants in the Russian Federation, originating mainly in countries of the Commonwealth of Independent States (CIS) and South-East Asia. And a startling 20 million irregular migrants are thought to live in India today.

Other estimates are provided on a regional or global scale. According to estimates by the Organization for Economic Cooperation and Development (OECD), at least 5 million, or 10 per cent, of Europe's 56 million migrants in 2000 were in an irregular situation, and a further half a million are estimated to enter each year. Well over 50 per cent of migrants in both Africa and Latin America are also thought to be irregular. Overall, the International Centre on Migration Policy Development has estimated that 2.5 to 4 million migrants cross all international borders without authorization each year. There are, however, considerable variations in the figures provided, with sometimes very significant discrepancies between different sources.

Even if we accept their unreliability, there is no arguing that these figures are significant. It is easy to see how they might generate concern. But it is important to place irregular migration in its proper context. In most countries, the political significance of irregular migration far outweighs its numerical significance. Even the most extreme estimates indicate that irregular migration accounts for no more than 50 per cent of all migration worldwide, and in the EU and most individual EU countries it probably accounts for no more than 10 per cent. The example of the UK is illustrative. Estimates for the number of irregular migrants entering the UK vary widely, but even the highest estimates are relatively small in comparison with regular migration to the UK. For example, 120,000 foreign students arrive each year and another 200,000 people enter legitimately to work.

It is also important to distinguish 'stocks' from 'flows'. There are few estimates of stocks of irregular migrants – no EU member state, for example, publishes official estimates of the size of its irregular population. There is no doubt, nevertheless, that in most countries stocks far outnumber new arrivals. Most irregular migrants worldwide are already present in destination countries. And very often these people have found work, have somewhere to live, and even have children at school. In other words they are already part and parcel of the societies in which they live.

The challenges of irregular migration

In political and media discourses, irregular migration is often described as constituting a threat to state sovereignty. Put simply, the argument is that states have a sovereign right to control who crosses their borders, and that by undermining that control irregular migrants threaten sovereignty. It follows that stopping irregular migration is fundamental to reasserting full sovereignty. In certain, more extreme discourses, irregular migration has also been perceived as a threat to state security. Specifically, irregular migration and asylum, it has been suggested, may provide channels for potential terrorists to enter countries. Given the sensitivity of the current debate, extremely careful analysis of such potentially incendiary conclusions is required.

It is important, first of all, to consider the numbers involved. Inherent in the argument that irregular migration threatens state sovereignty is the perception that states are, or risk, being 'flooded' or overwhelmed by enormous numbers of irregular migrants. In reality, as I have explained, although irregular migration does occur in significant numbers, in most countries it represents a fairly small proportion of total migration.

Second, irregular migrants are often imputed with tainted intentions without any substantiation. Two particularly frequent assumptions are that irregular migrants participate in illegal activities and that they are associated with the spread of infectious diseases, and especially HIV/AIDS. Both these assumptions are gross generalizations. Some irregular migrants (and asylum-seekers) are criminals and some carry infectious diseases – resulting, for example, from long periods spent in transit – but most do not. Misrepresenting the evidence criminalizes and demonizes all irregular migrants. It can encourage them to remain underground. It also diverts attention from those irregular migrants who actually are criminals and should be prosecuted, and those who are diseased and should be treated.

Focusing exclusively on terrorism has also meant that other equally pressing challenges associated with irregular migration – for states, societies, and importantly for migrants themselves – have often been overlooked. It is true that irregular migration can threaten state security, but this is usually in ways other than by its association with terrorism or violence. Where it involves corruption and organized crime, irregular migration can become a threat to public security. This is particularly the case where illegal entry is facilitated by migrant smugglers and human traffickers, or where criminal gangs compete for control of the labour of migrants after they have arrived.

When irregular migration results in competition for scarce jobs, it can generate xenophobic sentiments within host populations. Importantly, these sentiments are often directed not only at migrants with irregular status, but also at established migrants, refugees, and ethnic minorities. When this receives a great deal of media attention, irregular migration can also undermine public confidence in the integrity and effectiveness of a state's migration and asylum policies. Irregular migration thus can impact on the ability of governments to expand regular migration channels. The importance for a government to be perceived by its citizens to be in control cannot be underestimated. If irregular migration exists, it is not unreasonable for voters to ask why even more migration is required.

It is clear, then, that irregular migration can threaten state security, although the relationship is complex. Equally, however, irregular migration can undermine the human security of the migrants themselves. The negative consequences of irregular migration for migrants are often underestimated. It can endanger their lives. A large number of people die each year trying to cross land and sea borders without being detected by the authorities. It has been estimated, for example, that as many as 2,000 migrants die each year trying to cross the Mediterranean from Africa to Europe, and that about 400 Mexicans die trying to cross the border into the USA each year. And one of the great unknowns of international

7. Migrants climbing over a fence in Frethun in Northern France to board a freight train bound for the Channel Tunnel and the UK

migration is how many people there are who have left their homes but not yet reached their intended destinations, and what their lives are like in transit countries.

Women constitute a substantial proportion of the many migrants with irregular status. Because they are confronted with gender-based discrimination, female migrants with irregular status are often obliged to accept the most menial informal sector jobs. Such can be the level of abuse of their human rights that some commentators have compared contemporary human trafficking with the slave trade. Women in particular also face specific health-related risks, including exposure to HIV/AIDS. More generally, people who enter or remain in a country without authorization are often at risk of exploitation by employers and landlords. And because of their irregularity, migrants are usually unable to make full use of their skills and experience once they have arrived in a country of destination.

Migrants with irregular status are often unwilling to seek redress from authorities because they fear arrest and deportation. As a result, they do not always make use of public services to which they are entitled, for example, emergency healthcare. In most countries, they are also barred from using the full range of services available to citizens and migrants with regular status. In such situations, already hard-pressed NGOs, religious bodies, and other civil society institutions are obliged to provide assistance to migrants with irregular status, at times compromising their own legality.

Irregular migration is a particularly emotive issue, and one that tends to polarize opinion. Those who are concerned about border control and national security are often opposed by those whose main concern is the human rights of the migrants concerned. Another challenge is to encourage an objective debate on the causes and consequences of irregular migration and the ways in which it might be most effectively addressed.

Human trafficking and migrant smuggling

Human trafficking and migrant smuggling probably comprise a relatively small proportion of irregular migration worldwide, but they have attracted such attention recently that it is worth devoting the remainder of this chapter to these issues. Briefly four questions are answered. What are human trafficking and migrant smuggling? What is the scale? What are the costs involved? And what are the consequences for the migrants themselves?

Although the two concepts are often confused, even by policy-makers and academics, there is a legal distinction between human trafficking and migrant smuggling. The trafficking of human beings is defined by the UN Protocol to Prohibit, Suppress and Punish Trafficking in Persons (1999) as:

> The recruitment, transportation, transfer, harbouring or receipt of persons, by means of the threat, or use of force or other forms of coercion, of abduction, of fraud, of deception, of the abuse of power or of a position of vulnerability or of the giving or receiving of payments or benefits to achieve the consent of a person having control over another person, for the purpose of exploitation.

The trafficking of women – and sometimes even children – to work as prostitutes or in the sex trade has attracted most attention. It is hard to research trafficking, but according to studies by IOM what appears typically to happen is that young women are promised the opportunity to work abroad. A price is agreed which the woman will pay in instalments after she starts working. She is then transported, usually illegally, to a destination country, where she finds that she is forced to work as a prostitute, and that virtually all her income is taken by the trafficker. There are also reports of young women and children being kidnapped from their homes and transported away against their will. Indeed some people depict human trafficking as a modern version of slavery.

The smuggling of migrants is defined as: 'The procurement, in order to obtain, directly or indirectly a financial or other material benefit, of the illegal entry of a person into a state party of which the person is not a national or a permanent resident.' In contrast to human trafficking, migrant smuggling is largely voluntary. It involves potential migrants, or more often their family, paying a smuggler to move them to a destination country illegally. After they have arrived their association with the smuggler normally ends, so that they are not subsequently open to exploitation in the way that victims of trafficking are.

In reality there can be a blurring of the boundaries between human trafficking and migrant smuggling. This occurs in particular where migrants do not pay a smuggler before migrating, which means they arrive in the destination country in debt to the smuggler. This in turn opens up the possibility of exploitation.

Just as with irregular migration more generally, it is simply impossible to enumerate accurately either human trafficking or migrant smuggling. Figures provided are usually for people who are found and who admit to having been smuggled or trafficked. The problem is that no one knows what proportion of trafficked and smuggled people is actually found. It seems reasonable to assume that many are never known to the authorities.

The US State Department does publish annual estimates of human trafficking. According to these, between 600,000 and 800,000 women, children, and men were trafficked in 2004 alone. One point that is striking about the published statistics is that they show that human trafficking occurs in all regions of the world, and that it is more common within world regions than between them. It is estimated that about two-thirds of victims are trafficked within Asia (260,000–280,000) and Europe (170,000–210,000).

Some research I was recently involved in for the Migration Research Unit at University College London tried to estimate global costs for migrant smuggling. It reviewed over 600 sources in which the costs charged to migrants were reported. Naturally this was an exercise riddled with problems, and the results are no more than estimates, but they do provide interesting reading (Table 5.1).

Table 5.1 The costs of migrant smuggling

Routes	Mean costs (US$)
Asia–Americas	26,041
Europe–Asia	16,462
Asia–Australasia	14,011
Asia–Asia	12,240
Asia–Europe	9,374
Europe–Australasia	7,400
Africa–Europe	6,533
Europe–Americas	6,389
Americas–Europe	4,528
Americas–Americas	2,984
Europe–Europe	2,708
Africa–Americas	2,200
Africa–Australasia	1,951
Africa–Africa	203

For the purposes of the discussion here there are three points worth making about the data in Table 5.1. One is to emphasize just how much smugglers and traffickers can charge. The average cost reported for a journey from Asia to the Americas is over US$26,000. One implication is that increasingly it is only the relatively well off who can afford to pay smugglers and to move. US$26,000 is a very significant sum of money in a country like Pakistan, for example, from where many of the incidents of migration between Asia and the Americas were reported to originate.

A second observation is the wide range of costs involved. At the bottom end of the scale, the cost for being smuggled across a border in Africa was as low as US$203, although even this can be a significant sum given the income levels in these countries described in Chapter 3. In several cases reported, payments for smuggling between African countries were made not in cash but, for example, with bags of rice and other goods. A final message to take from the table is again that smuggling is a global phenomenon, not just a process from 'South' to 'North'.

By looking at reports on the costs of migrant smuggling over a period of years, the research also tried to see whether costs have been increasing or decreasing. Although there are variations between the main routes, the overall impression is that costs are decreasing gradually. This would be seem to be because there is increasing competition in the smuggling business, with smugglers constantly undercutting one another and adjusting their methods to attract more customers.

A final aspect of the research on costs was to try to understand what the main determinants of costs are. We identified three main determinants. One was distance travelled – very approximately, longer journeys cost more. A second was the mode of transport: flying is more expensive than travelling by sea, which is in turn costlier than going overland. A third main determinant appeared to be the number of people travelling – the more people who travel at the same time, the less each appears to be charged.

By definition, human trafficking has negative consequences for the people involved. Human traffickers ruthlessly exploit migrants. Victims of human trafficking are not free to decide on the activities in which they engage. They are often forced into low-paid, insecure, and degrading work from which they may find it impossible to escape and for which they receive trivial or no compensation. While a great deal of recent attention has been given to the trafficking of women, it is important to note that this phenomenon also affects

Migrant smuggling as a business

In addition to the research reported in the text, I also spent some time in 2004 interviewing migrant smugglers in Afghanistan and Pakistan. They reported that over time not only had the amount they charge changed, but also the way they received payments had too. About ten years ago, migrant smugglers apparently insisted that payments were made in full in advance. The danger for migrants was that smugglers might take their money and disappear before moving them. In response to these fears, some smugglers changed their practice, asking only for a deposit in advance of movement, with the balance to be repaid after arrival in the destination country. The problem here, as alluded to above, was that some migrants were exploited by smugglers to whom they were indebted after they had arrived. In the last two or three years smugglers have responded to their clients' concerns and demands once again. Now, payment is made in full in advance, but is deposited with a third party rather than being paid to the smuggler directly. The money is released to the smuggler only after the migrant has called to confirm he or she has arrived safely in their destination. What this amounts to is a money-back guarantee on migrant smuggling.

men and children. Migrant children with irregular migration status who are separated from their parents are a particularly vulnerable group, and may be trafficked into the sex industry.

But it is equally important not to overlook the negative consequences of migrant smuggling for those involved. As we have seen, smugglers can charge many thousands of dollars to transport

The experiences of a Suleiman, interviewed in Kabul in 2003

'The first time I was smuggled abroad, the plan was to fly to Dushanbe then continue overland to Moscow. The first stage was fine – I boarded the aeroplane in Karachi with a fake Pakistani passport without any problems. The agent who accompanied me to the airport told me that at the airport in Dushanbe I would be met by another agent, named Nafi. When I arrived in Dushanbe, however, I was arrested as soon as I stepped off the aeroplane. I was imprisoned for four weeks – with other Afghan illegal migrants, interrogated, beaten regularly, and threatened with torture. After a month, for no apparent reason, I was collected one night from my cell and driven back to the airport at Dushanbe. Nafi was waiting for me. Nafi explained that on the flight from Karachi with me had been another 50 illegal immigrants, their journeys organized by several other agents in Pakistan. One agent had failed to bribe immigration officials at Dushanbe airport, so they had arrested those they understood to be the "clients" of that particular agent. I had been arrested as a result of mistaken identity.'

them from one place to another. Smugglers do not always inform migrants in advance of where they will be taken. The means of transport used by migrant smugglers are often unsafe, and migrants who are travelling in this way may find themselves abandoned by their smuggler and unable to complete the journey they have paid for. Using the services of smugglers, many migrants have drowned at sea, suffocated in sealed containers, or have been raped and abused while in transit.

Chapter 6
Refugees and asylum-seekers

An asylum-seeker is a person who has applied for international protection. Most do so once they have reached the country in which they are seeking protection, although it is possible to apply for asylum outside the country where you are seeking protection, for example, at an embassy or a consulate. Asylum-seekers' applications are judged by the criteria of the 1951 United Nations Convention relating to the Status of Refugees, which is discussed in detail below. Successful applicants are granted refugee status and become refugees. Unsuccessful applicants can normally appeal, and if their appeal is unsuccessful they are expected to leave the country. In Europe and North America there are also a range of other statuses, usually grouped together under the description of Exceptional Leave to Remain (ELR), that are granted to people who are not refugees but still cannot return to their homes.

The international refugee regime

The international refugee regime comprises a series of laws that define refugees and determine their rights and obligations, and a series of norms to which, although not necessarily legally binding, states are expected to adhere. This regime is implemented and monitored by a number of institutions.

The critical legal convention is the 1951 United Nations Convention relating to the Status of Refugees. It defines a refugee as someone who 'owing to a well-founded fear of being persecuted for reasons of race, religion, nationality, membership of a particular social group or political opinion, is outside the country of his nationality'. Although certain variations on this basic definition have been agreed in both Africa and Latin America, it is still essentially the definition that is applied worldwide.

A number of aspects of this definition have attracted considerable debate. First, it is worth noting how dated the Convention is – it was written over 50 years ago. Many critics argue that, while the refugee definition may well have been adequate then, it no longer addresses the realities of refugees in the modern world. For example, the Convention focuses on persecution by the state, and this is because it was written mainly to protect those who had been persecuted by the Nazi regime. During the cold war the definition also served a political purpose, when it was applied in particular to those fleeing. But often in the world today, as we shall see below, refugees flee the general insecurity of conflict rather than specific political persecution.

In addition, the Convention does not explicitly cover people who have been persecuted on the basis of their sex or sexuality. We need look no further than the experiences of women and homosexuals under the Taliban regime in Afghanistan to understand how important this can be today. Nor does it cover people who flee for broadly environmental reasons, for example, in response to a tsunami or earthquake. Yet there is a plausible argument that fleeing such hazards is often a symptom of a political failure – for example, to predict the hazard, or mitigate or insure against its effects, or provide adequate shelter and protection in its aftermath – and that in this sense these people might also fall within the refugee definition.

A third observation is that the definition applies only to people outside their country of nationality. There are far more people, however, who have fled their homes but been unable to leave their countries; they are normally referred to as Internally Displaced Persons (IDPs). There is a good case to be made that IDPs are even more vulnerable than refugees – they have not even been able to find a way out of their own country and thus escape persecution, and they are not protected by an international regime in the same way that refugees are. As we shall see in the final chapter, IDPs have attracted increasing attention within the international community in recent years.

Despite these reservations, other commentators feel that the 1951 Convention should be upheld. First, it does still cover the majority of those people outside their country who need protection – relatively few people fall through the gaps. Second, UNHCR, which is responsible for implementing the Convention, does in practice extend the definition of a refugee to cover those who are excluded but still clearly in need of protection, including where possible IDPs and those fleeing natural disasters. Third, some 145 states worldwide have signed the Convention, and most people agree that it is very unlikely that so many countries would sign a revised version or new convention.

A series of norms also govern state responses to refugees. These derive either in law from the 1951 Convention or other legal instruments (such as the 1948 Universal Declaration of Human Rights), or in non-binding but widely applied customary law or agreements. Foremost among these norms are: the right to leave one's own country, the right to access the territory of other states, that asylum be provided as a non-political act, that refugees should not be returned to their own country forcibly (*non refoulement*), that full economic and social rights should be extended to refugees, and that states are obliged to try to provide lasting solutions for refugees. Equally refugees have obligations, primarily to obey the law of the country providing asylum.

The 1951 Convention is upheld, implemented, and monitored by UNHCR. Gil Loescher's book *The UNHCR and World Politics* provides a fascinating overview of how UNHCR and the international refugee regime have evolved. He describes how in 1951, when he was appointed the first United Nations High Commissioner for Refugees, Gerrit Jan van Heuven Goedhart 'found three empty rooms and a secretary', was given a narrow mandate that was expected to last for only three years, and had control over virtually no funds. In 2005, in contrast, Antonio Guterres was appointed the tenth High Commissioner, in control of an agency with an annual budget of about US$1 billion, a staff of around 6,000 and a mandate that arguably makes UNHCR the leading humanitarian organization in the world.

Today UNHCR suffers a perennial funding crisis. The agency, unlike some other UN bodies, receives only a minimal allocation from central UN funds and instead is expected to raise its annual budget. It has tended to rely on a few major donors, most significantly the USA, the European Commission, Sweden, Japan, the Netherlands, and the UK. The funding crisis for UNHCR is compounded by the fact that it has extended its activities beyond refugees specifically to also cover other populations of concern.

IOM, which is outside the UN system, is also an important institution in the international refugee regime. It is largely responsible for logistics, especially transporting refugees. The efforts of UNHCR and IOM are supported by a wide range of non-governmental organizations (NGOs) which often take direct responsibility for aspects of camp management, food distribution, healthcare, and education.

The global geography of refugees

The global geography of refugees has changed considerably since the international refugee regime came into force. As already indicated, the initial challenge was to try to find solutions for those who had fled Nazi persecution in Germany and occupied Europe. Many of these people were eventually resettled in the USA. UNHCR and the 1951 Convention were originally intended to function for a limited time period, and to cease once these initial activities had been successfully concluded. Events, however, took over. By the 1960s major new refugee populations were being generated in Africa, largely as a result of decolonization. As we shall see below, many of these refugees settled permanently in neighbouring African countries. In the 1970s the geographical focus of the refugee regime shifted again, to South and South East Asia, as a result of the birth of the state of Bangladesh in 1971 and war in Vietnam and elsewhere in Indochina. Some of these refugees were eventually resettled in Europe. In the 1980s Central America briefly became the main geographical focus.

What is striking about the 1990s is that refugees were being generated simultaneously in both the developed and developing world. Major refugee flows in the 1990s originated simultaneously in Bosnia, Kosovo, the former Soviet Union, the Horn of Africa, Rwanda, Iraq, Afghanistan, and East Timor. At the same time major refugee returns were taking place in Mozambique and Namibia and towards the end of the 1990s in Afghanistan and Bosnia too. Furthermore, for the first time, significant numbers of refugees began to travel outside their own regions to seek asylum in the developed world. What had begun as a largely European problem at the end of the Second World War had become a truly global phenomenon, with immense complexities.

According to UNHCR there were about 8.4 million refugees worldwide at the end of 2005. This was the lowest figure reported in 25 years, and compares with over 17 million in 1990. One reason is that significant numbers of refugees have returned home in recent years; another is that some of the world's major conflicts have abated and so fewer new refugees have been created. As explained above, UNHCR also extends assistance to those outside the official refugee definition, and they numbered a further

11 million in 2005. This total comprised about 670,000 asylum-seekers, 2.4 million stateless persons, 1.1 million refugees who had recently returned home, about 30,000 refugees who have resettled in new countries, and 6.6 million IDPs. It is important to note that the figure on IDPs is only for those that UNHCR assists, and that according to some estimates there are as many as 24 million IDPs worldwide today.

The largest single refugee population originates in Afghanistan: in 2005 there were almost two million Afghan refugees, mainly in neighbouring Iran and Pakistan. After Afghanistan the most important countries of origin for refugees are Sudan, Burundi, the Democratic Republic of Congo, and Somalia, the vast majority of whom are living in neighbouring countries. The largest population of IDPs assisted by UNHCR is some two million in Sudan, although the total number of IDPs there is closer to six million. Most of the stateless people covered by the statistics are Palestinians. And the largest returns have also been to Afghanistan – about 750,000 in 2005. France received the most asylum applications in 2005, about 50,000, followed by the USA (48,000), and the UK (30,500). The USA resettled the most refugees, some 54,000, followed by Australia (11,700), and Canada (10,400).

A number of observations are worth making about the contemporary global geography of refugees. While the single largest refugee population is of Afghans in Iran and Pakistan, the continent most affected by refugees is certainly Africa. Refugees have fled more countries and are settled in more countries there than anywhere else in the world. While it is true that more refugees than ever before are travelling longer distances – many of the asylum-seekers in France and the UK originated in sub-Saharan Africa – the majority still travel relatively short distances to neighbouring countries. Finally, while justifiable optimism arises from the observation that there are fewer refugees today than in the previous quarter of a century, the bulk of the burden still falls upon the poorest parts of the world.

Causes of refugee movements

The 1951 Convention definition of a refugee emphasizes the concept of persecution in explaining why refugees flee their homes. There are certainly still some predatory regimes in the world today that actively persecute segments of their national population. However, it seems that most refugees today flee conflict rather than direct persecution by the state. In the words of Aristide Zolberg, one of the leading theorists of refugee movements, they 'escape violence', not necessarily persecution. The reason they are still defined as refugees is that, even if the state is not persecuting them directly, it is still not capable of protecting them and providing them with the rights to which citizens are universally entitled.

Although this is not the place to review the extensive literature on modern warfare, it is worth listing the characteristics that the

8. Rwandan refugees on the move

influential scholar Mary Kaldor has described as distinguishing 'new wars' from previous conflicts, as they have implications for refugee movements. First, and in contrast to most people's immediate idea about war, almost all conflicts today are fought within states along ethnic or religious lines, and not between states. The conflict between Eritrea and Ethiopia from 1998 to 2000 was an unusual exception. Indeed it was estimated in 2000 that 25 out of 28 armed conflicts worldwide were internal – although US-led military action in Afghanistan and Iraq has changed the balance since.

Second, warfare has become 'informalized' or 'privatized', meaning that increasingly it is fought not by professional armies, but by militias or mercenary groups. Third, whereas warfare used to mainly kill combatants, today it mainly kills civilians. It is estimated that in modern warfare up to 90 per cent of casualties are civilians, compared with a rate of about 25 per cent in the First World War. Fourth, and especially in Africa, modern conflicts tend to endure or recur. One reason is that they are often based on ethnic divisions, which last beyond any peace settlement and can be reignited. Another is that demobilization often fails – an abundance of weapons combined with hundreds of thousands of unemployed, bored, and aggressive young men can be an incendiary mix.

A final characteristic of new wars is rising refugee ratios, and three reasons are identified. One is that the displacement of populations has become a strategic goal in warfare, and at times warring parties will even cooperate to achieve the relocation of particular populations. The so-called 'ethnic cleansing' that occurred in the Balkans during the 1990s is a case in point. Another is that modern weaponry allows more people to be terrorized (or killed) more quickly. Finally, the widespread use of land mines often leaves people no option but to leave their land during conflict.

Consequences of refugee movements

There is a fairly vast academic literature and body of agency reports dealing with the consequences of refugee movements, ranging from psychological implications for refugees through the environmental impacts of refugee camps to the prevalence of HIV/AIDS among refugees. The best single source for up-to-date data, research, and policy on the entire range of issues is the website of UNHCR (*www.unhcr.org*). Rather than even attempt to capture the essence of so many dimensions, this section focuses instead on three cross-cutting themes: patterns and processes of settlement, gender, and aid.

Refugee camps have attracted significant attention, and tend to divide opinions. Most organizations, and some experts, view them as essential for protecting refugees and the best way to deliver assistance and education. Others point out that violence and sexual abuse can occur frequently in camps, they can generate dependency among refugees and they can quickly have a deleterious impact on the local environment, for example, through draining or polluting ground water and deforestation. Camps can also have a deep psychological impact on refugees when they live in them for protected periods – in some cases many years.

Not all refugees settle in camps – probably at least in part because of some of the problems associated with them. A significant proportion of refugees 'self-settles' within the local population, normally in villages close to the border. This is particularly the case where refugees find themselves within the same ethnic group despite having crossed an international border, which is often the case in Africa. Even harder to identify and study are refugees who live in cities – Khartoum in Sudan and Cairo in Egypt are each estimated to be home to hundreds of thousands of refugees.

It appears that refugees adopt settlement strategies that can combine all three options of camps, self-settlement, and urban

Protracted refugee situations

Protracted refugee situations are of growing concern to UNHCR. The agency defines these as situations in which 'refugees find themselves in a long-lasting and intractable state of limbo. Their lives may not be at risk, but their basic rights and essential economic, social and psychological needs remain unfulfilled after years in exile. A refugee in this situation is often unable to break free from enforced reliance on external assistance.' At the end of 2003 UNHCR estimated that there were 38 different protracted situations in the world, accounting for some 6.2 million refugees in total. Specific initiatives have been established for Bhutanese refugees in Nepal, Afghan refugees in Pakistan and Iran, and Somali refugees in Kenya, Yemen, Ethiopia, and Djibouti.

dwellings. In some cases refugee families divide themselves, so that young men go to the city to work while women and children stay in the camp and receive assistance. Alternatively, entire families move between places to try to maximize their income and security.

There tend to be more women than men among refugee populations. One reason is that men are more likely to be killed in conflict or conscripted, or to risk staying at home to try to defend land and property or keep working. Yet it was not until relatively recently that refugee women attracted serious academic attention. Until even more recently the literature has tended to focus fairly exclusively on the challenges faced by refugee women. They can be subject to violence and sexual abuse at the hands of frustrated husbands and other men with the consequent health risks; the responsibility of care-giving falls disproportionately on them, especially in female-headed households; they are also responsible for cooking – most graphically illustrated by the increasing distances that women have to walk to collect firewood, and so on.

Susan Forbes Martin's *Refugee Women* bucked both these trends by focusing attention specifically on refugee women, but also emphasizing that they are often the most resourceful and enterprising within refugee settlements. Her book has been credited with changing the way that UNHCR in particular approaches the issue of refugee women. Where possible, it is often now considered preferable to distribute food and other items directly to women; they are also often trained as peer educators within refugee communities. Indeed, migration is often portrayed as an empowering process for women (including refugees), and one concern is that they can lose their power once they return home to traditional patriarchal societies.

An important debate that surrounds refugee aid is whether, when, and how to provide assistance to refugees. Without doubt the key book in this debate is Barbara Harrell-Bond's *Imposing Aid*, a seminal text in the academic field of refugee studies. Although many people consider her case to be overstated, she launches a convincing and scathing critique of the aid regime in refugee camps. For example, there may be times when aid is no longer necessary, and generates dependence. There have been instances where inappropriate aid has been provided – for example, foodstuffs that offend the majority of the population being assisted. Refugee men are not necessarily the best recipients of aid, as they have been known to cash in aid to fund other activities, thus depriving their family of food.

Durable solutions

There are three so-called durable solutions for refugees. Each can be problematic.

The solution normally considered the best is voluntary repatriation

9. Mozambican refugee children queuing for food

– in other words for refugees to return home. An initial comment is to place the emphasis on the term 'voluntary'. Although as we have seen *non refoulement* is a central tenet in refugee protection, there are cases where refugees are returned against their will and before it is safe for them to go home. Another potential dilemma for repatriation is how to define home. Is it, for example, appropriate to return refugees to a place in their country of origin that is safe, even if their specific region of origin is still

Table 6.1. Major recent repatriations in 2005

To	From	Number
Afghanistan	Pakistan	461,118
Afghanistan	Iran	289,641
Burundi	Tanzania	62,338
Iraq	Iran	55,267
Liberia	Côte d'Ivoire	33,000

Source: UNHCR, *Global Refugee Trends 2005* (Geneva: UNHCR, 2006).

unsafe? UNHCR says no, but an increasing number of states say yes.

A significant unknown in refugee repatriation is what happens to refugees after they go home. By virtue of the stipulations of the 1951 Convention refugees are no longer entitled to special protection or assistance once they have crossed the border home, although as we have seen UNHCR does extend assistance to some returnees. The potential obstacles for these people should not be underestimated. They usually do not have a job to return to. Their homes and land have often been taken by someone else in their absence, or destroyed or mined. The infrastructure – roads, schools, hospitals – is often destroyed. They can face harassment from demobilized soldiers and envy and resentment from those who did not flee the country. And some, especially women and children, face the psychological challenges of coming to terms with often diminished status within the community.

A second solution is local integration, where refugees settle permanently in the host country. In the 1960s and 1970s this was a fairly common solution in Africa in particular. As already intimated, it was often the case that refugees crossed borders but stayed among their own ethnic group. This, in addition to the fact that in this era their numbers were relatively small, meant that settling locally was relatively unproblematic. Indeed, in countries like Tanzania, refugees helped boost local economies by settling in villages and towns.

Local integration is far less common in Africa today, where host governments are increasingly hostile to refugee populations. One reason is their sheer numbers. Another is that refugees are increasingly perceived as importing problems – competition for land and jobs, for example, and environmental degradation. Increasingly African and other developing countries expect refugees to return home once it is safe to do so.

In contrast, in the developed world refugee status has traditionally conferred permanent residence rights. Although legally refugees can be expected to return home when they can, in practice almost all refugees in Europe, for example, remain permanently. In the UK, a refugee can apply for British citizenship seven years after receiving refugee status.

Third-country resettlement is the final durable solution. This describes the process whereby refugees, usually from camps, are resettled permanently in another country, almost always in the developed world. We have seen that the USA, Australia, and Canada resettle most refugees. Refugee resettlement was fairly common in Europe through the 1970s and 1980s; this was when many Vietnamese 'boat people' and refugees from Pinochet's Chile arrived there. Today, however, quotas for resettlement in Europe are very inadequate. In 2004, for example, the UK resettled just 150 refugees. The problem is that, in the current climate of public concern about asylum-seekers and refugees in certain quarters in Europe, large-scale resettlement is not a politically viable option.

Asylum in the industrialized world

Asylum-seekers have risen to the top of political agendas across the industrialized world, in particular in Europe, and there is a perception in certain parts of the media and sometimes among the public of an impending crisis. On the one hand, it is possible to argue that this crisis has been exaggerated. On the other hand,

DAILY EXPRESS

CRUSADING FOR BRITAIN

The World's Greatest Newspaper

WEDNESDAY MAY 8, 2002 20p

ONLY 20p TODAY

BABY SNATCH ORDEAL

Kidnap twin parents tell of despair and relief

EXCLUSIVE STORY AND PICTURES SEE PAGES 2&3

WE CAN'T KEEP THEM OUT

EXCLUSIVE REPORT AND DRAMATIC PICTURES PAGES 6&7

Asylum seekers risk their lives to flee French fascists as Britain's immigration doubles

THIS is the incredible sight of illegal immigrants enjoying a free run to Britain. At least 50 refugees are shown preparing to board an unguarded freight train bound for this country. Astonishingly, this picture shows a railway yard owned by the French, who have promised a security crackdown near the Channel Tunnel.

Yet there is not a guard or a police officer in sight. Instead the asylum seekers seem confident they will not be caught. They and thousands like them are fleeing a rising tide of attacks on immigrants in a continent stricken by fears of a return to fascism. On Monday 34 refugees were arrested in Britain after stowing away on trains.

The fresh security crisis came on the day figures revealed immigration has hit record levels, with 183,000 more people coming to Britain in 2000 than leaving. Asylum seekers made up 80,000 of the total of 482,000 people who arrived that year.

The fact of the matter is, we can't keep them out.

OPINION 12 EXPRESS WOMAN 18 DIARY 27 LETTERS 30 TV 41-44 CROSSWORD 45 STARS 46 CITY 54-58 OBITS 59 SPORT 60-72

10. An alarmist *Daily Express* front page from 2002

there are some important challenges associated with asylum in the industrialized world that are worthy of separate attention even in a global overview of refugees and asylum-seekers.

The issue of asylum began to attract increasing attention in Europe in particular at the beginning of the 1990s. This was when the number of asylum-seekers arriving there peaked – at around 700,000 in 1992. Their numbers, furthermore, were compounded by the arrival of almost one million refugees in Western Europe fleeing the war in Bosnia.

Besides numbers, several other characteristics of asylum-seekers at this time added to unease. First, they were arriving without authorization – the term 'spontaneous' asylum-seekers is often used. During the 1970s and 1980s Europe had resettled refugees, as we have seen, but their number, character, and manner of arrival could be controlled by the destination countries. In contrast, asylum-seekers simply arrived at borders, and often from distant countries – Afghanistan, Somalia, and Sri Lanka were all important origin countries at the time. Second, and again in contrast with resettled refugees, many of those applying for asylum were in fact not refugees at all. As legal opportunities to migrate to Europe to work had been reduced in the 1980s, asylum became one of the few channels for would-be labour migrants to arrive in Europe. A final concern that was widely expressed at the time was that these people would therefore be the harbingers of massive migration from the South to the North.

It was largely in response to rising numbers as well as these other concerns that states across Europe introduced a raft of new policies to try to reduce the number of asylum-seekers and ensure that those who did arrive had a genuine claim and were not 'bogus': visas were imposed on nationals of many countries. Airlines and other carriers were required to check the passports and visas of all passengers and fined if they did not. Asylum procedures were

11. An asylum-seeker being interviewed in Dover, UK

streamlined to try to process applications more quickly. Access to welfare benefits for asylum-seekers was restricted.

There is considerable debate about the impact of such policies. Certainly the number of asylum-seekers in Europe has decreased significantly – in 2004 there were only 233,000 asylum applications in the 15 states that made up the EU until recently, considerably less than half the number reported for those same countries in 1992. Some commentators, however, have suggested that the main reason for the reduction in numbers is that conflicts in major origin countries – including Afghanistan, Somalia, and Sri Lanka – have abated. Others have suggested that, while new policies may indeed have reduced the number of people seeking asylum, they continue to arrive but now do so in an irregular fashion – irregular migration has begun to replace asylum.

The catch-all term the 'migration–asylum nexus' is increasingly used to describe the particular challenges of asylum in the industrialized world today. It refers to the conceptual and policy challenges of distinguishing refugees from 'bogus' applicants, on the one hand, and asylum-seekers from irregular migrants, on the other.

The UK is illustrative of these challenges. In the UK over the last decade, about 10–20 per cent of asylum-seekers have been considered to satisfy the criteria in the 1951 Convention and granted refugee status. A further 20–30 per cent of asylum-seekers do not satisfy the Convention criteria, but they are granted the temporary status of ELR because it is accepted that it is currently unsafe for them to return to their country of origin. This means that somewhere between 50 and 70 per cent of asylum-seekers are not recognized as being in need of protection. Those rejected have the right to appeal, and some are subsequently granted protection. The majority have their appeals rejected, and are then obliged to return to their countries of origin. But many do not, staying in the UK illegally.

The situation of rejected asylum-seekers remaining in the destination country despite having had their applications and

12. Asylum-seekers who arrived in the UK aboard a freight train being detained in a holding cell in Folkestone

Returning rejected asylum-seekers

The UK has a particularly bad track record of returning rejected asylum-seekers. In 2006 the UK Home Office estimated that there were between 150,000 and 288,000 rejected asylum-seekers still living in the UK, and that it would take up to 18 years to return them. The main problem is locating these individuals – many disappear within communities of their own ethnic groups, often working illegally. At the same time the UK government has had to strike a tacit balancing act between the benefits of returning rejected asylum-seekers, and the risk that their returns might encourage resentment within the UK's significant settled ethnic minorities. There is also a vociferous anti-deportation campaign in the UK that is concerned – sometimes justifiably – that rejected asylum-seekers may nevertheless be returned to countries where they face persecution.

subsequent appeals rejected is one way that asylum has become conflated with irregular migration. Another is that increasing proportions of asylum-seekers today appear to arrive and enter in an irregular manner, often with the assistance of migrant smugglers. Given some of the dangers associated with migrant smuggling described in the last chapter, this is of great concern to asylum advocates and human rights organizations. Finally, some also break the law once they have arrived, usually by working before they are given a work permit.

In this context, it is perhaps not surprising that the terms 'asylum-seeker' and 'irregular migrant' are often used interchangeably. The problem is that this diverts attention from the fact that a good proportion of asylum-seekers are genuinely fleeing for their life or liberty and seeking protection. The concern is that refugees – people who are entitled to protection under the international refugee regime – are endangering their lives to access the asylum system in the industrialized world, and that once there they are increasingly perceived as and treated like irregular migrants.

Chapter 7
Migrants in society

One of the most pressing contemporary debates concerns the impacts of immigration on destination societies. Large and rising numbers of immigrants have been entering advanced industrial societies at the same time that many of these societies are faced with immense structural changes. These include economic, demographic, and technological changes that are transforming society, the labour market, and community. Among their outcomes have been painful changes in social safety nets despite growing needs, burgeoning physical infrastructure demands, and brewing social and cultural crises. The wider context is of global economic uncertainties and a heightened sense of insecurity.

Immigration and immigrants provide a tangible, visible and convenient explanation for the malaises of modern society. This is one reason why there is rising support for the far right across many industrialized nations. The balance of the vast academic literature on the impacts of migration on society is, however, ambiguous. It stresses that a static approach may not fully reflect the realities of the impacts of immigration, which is likely to vary over time, for example, as immigrants acquire new skills and experience in the labour market. It emphasizes that it can be very difficult to isolate the effect of migration on change and separate it from other aspects that also attract popular protest such as trade liberalization and privatization. It also suggests that the impact of migrants and migration vary significantly according to a wide range of factors including the characteristics of migrants, their geographical location in host societies, and underlying labour market conditions and social relations there. Furthermore, it is hard to quantify the cost or benefit of the non-economic impacts of immigration, on politics, society, culture and so on.

The economic impact of immigration

The economic impact of immigration in destination societies is a hotly contested field. Academic debates are, on the whole, more sophisticated in the USA than Europe, partly because until recently the political and economic climate in Europe has made it difficult to argue the case for the positive economic benefits of immigration. This was not always the case; the logic behind the *gastarbeiter* system in Germany during the 1950s and 1960s, for example, was almost entirely one of economic benefits.

The primary debate has been about the impact of immigration on economic growth, and it is still ongoing and unresolved. According to George Borjas, probably the world's leading economist of migration, 'while recent theoretical work has made strides towards explaining the possible links between immigration and growth, only a few empirical studies have been conducted, and no clear picture has emerged from these' (*Journal of Economic Perspectives*, 9/2 (1995), 39).

Proponents that the impact is positive point to the willingness of migrants to take low-wage jobs, the high levels of ambition that many immigrants demonstrate, and the flexibility that comes from having a regular supply of labour. It is also argued that immigrants increase returns on capital investments, have a minimal effect on other wages, that their entrepreneurship generates jobs, and that their labour can enable a country to remain competitive in an industry that would otherwise lose out to international

Historical experiences

Several episodes in recent history provide interesting precedents for assessing the economic impacts of immigration. In 1962, 900,000 people of European origin living in Algeria moved to France, increasing the French labour force by 1.6 per cent. Analysis found that at most the impact was to reduce wages in the regions where they settled by 0.8 per cent and raise the unemployment rate by 0.2 percentage points. In 1974, 600,000 colonists returned to Portugal from the African colonies of Angola and Mozambique. Empirical analysis was unable to discern any impact on the labour market. In 1980 around 125,000 Cubans entered Miami, increasing the labour force by 7 per cent. When the impact of their immigration on resident unskilled labour from different ethnicities was assessed, only the Cubans appeared to have been negatively affected.

(UNDESA, World Economic and Social Survey: International Migration, New York: UN, 2004)

competition. In some cases the positive effects of migration on countries of origin is also included on this side of the debate, the key aspects of which have already been explained in Chapter 4.

Other equally respected experts in the USA and elsewhere make just as convincing a case that immigration can have a negative economic impact. They point to higher levels of unemployment among the foreign-born, the prevalence of large family sizes with the attendant welfare costs, and the negative effects of competition with established minorities. A pool of low-skilled labour can also defer the restructuring and reorganization of industries; it can create sweatshop labour conditions and undercut the power of trade unions to maintain labour standards.

Within the general debate on the economic impact of migration, three aspects have attracted particular attention, namely impacts on the availability of jobs for the native-born and on the level of their wages, and fiscal effects, especially on public sector costs.

One of the most abiding fears expressed in destination countries around the world is that migrants will take away jobs from the

Self-employed foreign workers and ethnic entrepreneurs

There is a growing literature on self-employed foreign workers, who are numerous in Canada, Denmark, Finland, Spain, Ireland, and the UK. Three main explanations for high levels of self-employment among immigrants in such countries are common. One is based on the selective nature of migration, that immigrants are more dynamic and less reluctant to take risks than the native-born. Another argument, conversely, is that migrants become self-employed because of barriers to securing salaried jobs, including discrimination, language obstacles, and poor access to information. The development of economic activities aimed at immigrants' communities of origin is a third explanation, and the concept of ethnic entrepreneurship is often used to describe these community-type activities. Importantly, their impact often extends beyond a specific ethnic community, for example, Indian, Italian, and Turkish culinary specialities were largely introduced by immigrants for immigrants but are now an integral part of eating habits all over the world.

native-born. This concern is especially evident in many European countries, where unemployment levels are relatively high and the proportion of long-term unemployed among the unemployed relatively large. In reality, however, this appears to be rarely the case. That is because in most countries in the world migrants are admitted to fill gaps in the local labour market (this is not true for refugees who are admitted on the basis of humanitarian not economic criteria). These can be skills gaps which the local training and education system has been unable to fill, or low-status jobs that locals are unwilling to do. Migrant workers are rarely encouraged to enter situations to compete directly with local workers. Extensive comparative research across the industrialized nations indicates that the impact of immigration on jobs for local populations is at worst neutral and at best positive in that it can create economic growth and more jobs.

A key aspect of the immigration debate in the USA has focused on the impact on wage levels. At a national and aggregate level, the consensus that has emerged is that negative effects are most likely to be felt for those whose labour market characteristics are most like migrants, in other words for those who are in direct competition with migrants for work. This effect, it is argued, is offset by positive effects on the wages for those who are not competing with migrants for work because they benefit from the greater profitability of US firms as a result of immigration.

With the growth in the US of low-skilled migration in recent years, attention has focused in particular on the effects of immigration on the wages of native-born low-skilled workers. African Americans are over-represented among the less skilled and are highly vulnerable within the labour market as a whole, so the possible effects of immigration on them are especially salient. The results of recent research are not entirely clear or consistent. On the one hand, studies conducted in New York have shown a declining relative position for African American males in terms of labour market participation and earnings in the 1980s and early 1990s, at exactly the same time that the highest levels of immigration were recorded, much of it involving the low-skilled. On the other hand, few studies have been able to demonstrate a net effect that can be attributed solely to immigration. In other words, immigration is normally one of a variety of factors that might account for the depression of wages, and it is hard to isolate its effect.

A final aspect of the debate on the economic impact of immigration concerns its effect on public finances. Separate studies in Australia, Germany, the UK, and the USA have found the overall effect to be positive; that on aggregate immigrants generate more in taxes paid than they cost in services received. The normal explanations are that there is a skewed age structure within most migrant communities which are dominated by people of an economically active age, and in general there are high levels of employment among migrants. In addition, the destination country has not normally had to bear the cost of rearing, educating, and training the migrants. In many cases, furthermore, they do not have to bear the cost of old age dependency either, as migrants often return home when they retire.

There are important variations. Studies suggest, for example, that the fiscal impact of immigration is less clearly positive in countries like the USA which do not face an acute ageing population problem, as compared with many European countries and Japan which do. A study in New Zealand found that, while overall immigration makes a positive fiscal contribution of NZ$ 3,240 to government revenues, new migrants from Asia and the Pacific Islands specifically cost more than they contribute in taxes.

A key factor in all the above aspects of the debate on the economic impacts of immigration is the extent to which immigrants are employed, and there are some important variables. In the USA, but also in Europe, a particular feature of recent debates has been the argument that the character of international migration has changed. Family reunion means there is a larger proportion of economically inactive migrants. There are also increasing numbers of asylum-seekers who are not permitted to work legally for a certain period. More generally it has been suggested that new waves of migrants show less capacity to achieve social mobility and skill acquisition than earlier arrivals.

The overall employment rate of the foreign-born population in the EU 25 is lower, at 61 per cent, than that of the EU average. This rate varies significantly, however, according to place of origin. Immigrants from Western and Southern Europe have higher employment rates than the EU average, whereas those from other parts of the world have lower employment rates. Unemployment is particularly high among immigrants from Turkey, the Middle East, and Africa. There is also a strong gender difference. While foreign-born men have only a slightly lower employment rate than the EU average for men, foreign-born women have very significantly lower employment rates.

It is also important to note that local and city-level studies do not necessarily yield the same conclusions on immigrant employment and fiscal effects as national studies. At the local government level in a number of major European cities, for example, the net effect of immigrants on public sector budgets has been found to be negative, largely because of high levels of unemployment within certain immigrant communities. Research by William Clark in the nine main entry-point cities for new migrants in the USA demonstrates a fall in skills and income and increases in poverty and dependency relative to the native-born, a gap that has grown over time. Further analysis by Clark suggests that these problems are specifically associated with certain locales and certain ethnic and national groups. Unskilled Mexican migrants in Los Angeles County, for example, were found to be particularly impoverished.

It is important to conclude this section with one final observation. This is that there is often a gap between the findings of academic research such as that cited here, and public and even political opinions. Even where research points unambiguously to the conclusion that immigrants contribute to economic growth, do not compete for jobs, do not lower wages for the native-born, and represent good value in cost–benefit terms, this is not how they will necessarily be viewed. In the USA and Europe there has consistently found to have been a correlation between negative public opinion on the scale of immigration and high unemployment levels, even where no direct relationship between the two can be established. Similarly in Malaysia and South Africa, for example, immigration is regularly blamed for unemployment.

The second and third generations

Recently there has also been considerable attention paid to the economic performance of the children and even grandchildren of migrants – the second and third generations. Even though there are other factors such as political disenfranchisement and social and cultural isolation involved, their economic exclusion has been one of the most commonly cited reasons for recent unrest among the descendants of immigrants in various European countries.

Experts on this topic largely fall into one of two schools of thought. Optimists have suggested that, following the experience of European migrants to the USA, Canada, and Australia, while the migrant generation can be expected to experience some economic disadvantage, succeeding generations will come to compete on an equal footing. They cite many reasons why the first generation might fare badly in the labour market, including a lack of recognition for foreign qualifications, a lack of language fluency, and a lack of experience in the destination labour market. These reasons should not, it is argued, apply with the same force to the second generation. In contrast, pessimists suggest that this historical experience may not apply to recent migration, particularly where it originates from less developed countries and involves visible minorities who will continue to experience discrimination.

Professor Anthony Heath, a sociologist at the University of Oxford, has recently undertaken with colleagues an extensive international comparative analysis on this topic, to identify the extent and causes of what they term the 'ethnic penalty'. Among other factors they compared unemployment levels between second and third generations of European and non-European ancestry in Australia, Canada, Israel, the USA, Austria, Belgium, France, Germany, the Netherlands, Sweden, the UK, and South Africa.

Their findings broadly confirm those of earlier studies. In all the study countries, the second generation of European ancestry basically experienced no ethnic penalty – in other words, their employment rates were the same or better than those of the native-born. Yet also across all countries, those of non-European ancestry did experience an ethnic penalty. This was particularly strong in Austria, Belgium, France, Germany, and the Netherlands. One factor accounting for variations between the study countries was the level of unemployment there – the ethnic penalty appeared to be highest where unemployment was highest.

In any such study it is difficult to explain authoritatively the findings as there are so many variables involved. Among the factors cited, however, were discrimination, widespread racism in some of the study countries, labour market flexibility, and human capital factors such as information, contacts, aspirations, and social identities. One of the overall conclusions of the study was that legacies from the past are not easily overcome, as demonstrated in the findings by the experiences of African Americans in the USA.

One of the striking aspects of these and similar research findings is that the ethnic penalty for the second generation is experienced whatever the principles underlying integration policy. Thus second generations of non-European ancestry are basically as badly off in assimilationist France as in multicultural Britain. There is growing support for the idea that neither model necessarily works very well.

Instead, it is argued that integration is best achieved through focusing on less abstract and more practical issues, especially language acquisition, training, and education; labour market and economic incorporation, healthcare and other critical social services, and participation in civil and political life. It has even been suggested that integration has worked in the USA more than in most other countries because of a hands-off approach by the federal government, which has fostered self-reliance and leadership among immigrant communities.

Migrants and politics

Across Western Europe, Muslim migrants and second and third generations are affected by disproportionate unemployment rates, which for many are compounded by education and housing problems. These underlying socio-economic tensions, it has been suggested, have been compounded in recent years by highly politicized identity issues related, for example, to the Rushdie affair in the UK, the 'war on terror', and the invasions of Afghanistan and Iraq. One outcome, according to Stephen Castles and Mark Miller in *The Age of Migration*, is that: 'While the vast majority of Muslim immigrants eschewed fundamentalism, Western Europe certainly was affected by the upsurge in religious fervour that swept the Muslim world.'

A rise in fundamentalism, however, is just one aspect of a much wider literature concerned with the political impacts of immigration in host societies. Another intersection between immigration and politics has been the growth of anti-immigrant extremism. Anti-immigrant political movements have developed across most of Europe in the last decade. Perhaps foremost among these is the Front National in France, whose leader Le Pen shocked Europe by gaining one-fifth of the votes in the first round of the 2002 presidential elections, defeating the socialist candidate Lionel Jospin. Support for the Flemish Vlaams Blok in Belgium has increased considerably. Jörg Haider's anti-immigrant Freedom

Party formed a government in Austria with the People's Party, although Haider himself resigned as party chairman in 2000. A backlash against immigration figured significantly in the fortunes of the Northern Leagues, Forza Italia, and the neo-fascist National Alliance in Italy. The rise of Pim Fortuyn and his anti-immigration party in the Netherlands in 2001 took many observers by surprise. Outside Europe, Pauline Hanson's One Nation party scored a notable political victory in Queensland, Australia, in 1998, attracting almost 25 per cent of the vote and winning 11 seats in the state election, although she has since resigned from the party and is now an independent.

Some scholars have suggested, furthermore, that the emergence of right-wing parties has had anti-immigrant effects across the political spectrum. It has been argued, for example, that French socialist stands on immigration shifted to the right as support for the Front National increased. Whether or not this is an accurate analysis (other scholars refute it), it is clear that the success of such parties has been an important reason for the rise of immigration on political agendas across the industrialized world.

Besides fostering new parties and new issues, the academic literature identifies at least two other ways that immigration can impact on politics and political systems in destination countries. There is a vigorous debate, especially in Belgium, France, and the Netherlands, about political participation and representation for immigrants and their descendants where they are excluded from citizenship. During the 1970s and 1980s, they tended to mobilize outside the normal channels of political representation from which they were often excluded, for example, through involvement in industrial strikes, protest movements, hunger strikes, and urban riots.

In recent years an increasing number of European countries have granted certain political rights to immigrants, including that of voting and standing for office in local (but not national) elections.

Largely this has been in response to a growing acknowledgement that the long-term residence of foreign nationals is a permanent phenomenon. Some argue that political participation in one's community of residence is a basic human right; it has also been suggested that excluding migrants from political participation can lead to social tension and conflict. In the countries of the EU, all EU citizens now have the right to stand for election as well as vote in local and European elections in their country of residence. A few countries (including Denmark, Finland, Ireland, the Netherlands, Norway, and Sweden) allow foreign residents from countries outside the EU to vote and run for office in local elections on the condition that they have resided there for a minimum period. In others (including Portugal, Spain, and the UK) local voting rights have been granted to certain nationalities on the basis of reciprocal agreements with selected countries.

Another potential impact on politics in the destination societies is through the formation of ethnic voting blocs among citizens of immigrant origins. Perhaps the best example is Soviet Jews in Israel, who comprise about 15 per cent of the Israeli electorate and have decisively affected the outcomes of every general election since 1992. Quebec's immigrant population voted against independence to influence the 1996 referendum on the future of Quebec in the Canadian Federation. In the tight 2002 German elections, the 350,000 Germans of Turkish origin also emerged as an important voting bloc. As a result of such potential impacts, political parties have increasingly appealed to the immigrant-origin electorate, for example, in the UK and USA.

The potential of the Latino voting bloc in certain states in the USA poses a particular dilemma for politicians. On the one hand, there is considerable political currency in taking a strong stand against irregular migration from Mexico. On the other hand, the Latino vote needs to be wooed. Excluding Puerto Ricans, some 42 million Latinos live in the USA – around 14 per cent of the population. The Latino vote can be critical in states such as California and Colorado and it has been suggested that at a national level it may even determine control of the House of Representatives. Furthermore, as one third of Latinos in the USA are under the age of 18, their vote is likely to become even more important in the future.

Reducing the demographic deficit

A very recent debate that has emerged is the extent to which immigration can help address the problems associated with the so-called demographic deficit: in an increasing number of industrialized countries the native population is simultaneously shrinking and getting older. Low birth rates have combined with increasing life expectancies and constant progress in healthcare. There are fewer young people and an increasing proportion of old people, many of whom are living for thirty or forty years after they have retired from work. In other words, there are fewer people who are economically active – working, sustaining economic growth, and paying taxes. Yet there are more people who no longer work but expect pensions and are increasingly dependent on the welfare state

The UK's pension crisis

This chapter is being written at the end of 2005, as the full scale of the UK's pension crisis has hit the headlines. It seems certain to stay high on political agendas for many years to come. At the heart of the problem is that there are now too few taxpayers to support pensioners in the UK, and the ratio is getting worse. In 1960 there were four working people for every pensioner. By 2005 there were only 2.7 working people for every pensioner. And it is estimated that by 2050 there will be just 1.1 working people for every pensioner. The UK is not alone in facing a pending pension crisis.

to pay for their medical and social care. In general the older they get the more care they require.

The demographic deficit is a particular problem in Europe, where the average European woman has just 1.4 children while it is estimated that to replace the current population she would need to give birth to 2.1 children. The population in Europe is shrinking as a result, as it is in China and Japan and will shortly begin to do so in the Russian Federation too. Indeed over 40 per cent of the world's population now lives in countries where the population is shrinking. At the same time there are important variations – some European countries, for example, are far less affected than others, and the USA has a growing native population.

Most commentators agree that migration can be one way to begin to reduce the demographic deficit, although there is strong disagreement currently over how important a role it can play. As long as migrants are of a working age and able to find work, and as long as they work legally and therefore pay taxes, they can bolster the contribution of an otherwise diminishing working age population in the affected countries. It follows, some people argue, that more labour migration is in the economic self-interest of these countries. Without labour migration they will be unable to sustain current levels of pensions and welfare.

The counter-argument is that importing workers is only a short-term fix to ageing and shrinking workforces. This is because migrants of course also grow old themselves. What is more, there is evidence that even if they come from countries where there is a high birth rate, they often adapt their birth rates to the country in which they are working. So eventually migrants too will add to the cohorts of the elderly, without adequately replacing themselves with children to pay for their welfare.

The consensus appears to be that migration is not a 'silver bullet' – it cannot reduce the demographic deficit alone. It is, however, one important element in a suite of responses that will be required. Others include increasing incentives for women to have children (for example, through more generous maternity leave arrangements); raising the retirement age so that people work longer, increasing employment rates where there are significant levels of unemployment among the native population, and raising productivity through technological innovation. A less palatable alternative is to accept reduced pensions and other welfare benefits, or reduced levels of prosperity.

Enriching societies and cultures

Despite the obvious interdisciplinary nature of the topic of migration, there has been relatively little cross-fertilization between economic studies of immigration and other approaches. While it is difficult to put a price on non-economic impacts, they must nevertheless be factored into a balanced consideration of the overall impact of migrants in society.

The most striking way that migration has impacted on societies and cultures the world over is by making them more diverse and eclectic. Examples abound. Music styles as diverse as jazz, reggae, and *bhangra* originate in migration. Ben Okri and Salman Rushdie are world-renowned migrant authors, while the migrant experience has also stimulated a rich vein of post-colonial literature – Hanif Kureishi's *The Buddha of Suburbia*, Zadie Smith's *White Teeth*, and Monica Ali's *Brick Lane* are all good examples. Albert Camus was a *pied noir*. It is often said that chicken tikka masala, an Indian dish, is now Britain's most popular meal. Spanish is now the most common language in certain districts of California and Florida. Around the world sports clubs have imported key players while national teams increasingly incorporate the descendants. Zinedine Zidane, perhaps the greatest footballer of his generation, is of Algerian descent and represents France.

13. Ethnic diversity in Leicester Square, London, UK

This effect has become even more intense as the diversity of immigration populations themselves has increased. The UK provides a good example. For well over a century the Irish have migrated to the UK in significant numbers, and they still are the largest foreign national group living there (in 2003 there were about 375,000 Irish in the UK). After the 1950s there was significant immigration from former British colonies like India, Pakistan, Jamaica, and other Caribbean Islands. Since 1970 immigration from Australia, Canada, New Zealand, and South Africa has been actively encouraged. In recent years this already diverse society has been further diversified by the arrival of peoples from still more countries. Since the 1990s, for example, there have been significant arrivals in the UK from Afghanistan, China, Iraq, Kosovo, and Somalia. Some people have described the situation in the UK today as 'hyper-diversity'.

At the same time, increasing diversity can present very difficult challenges. The headscarf controversy in France (see overleaf) is a good example of how diversity can be difficult to accommodate with historical national principles. More practically, it is difficult enough, for example, to teach a class of 30 primary school children in, say, the UK or USA, where a handful speaks Urdu at home. It is quite another challenge teaching a class where two children speak Urdu at home, three speak no English because they have recently arrived from Somalia, and two speak Chinese as a first language. On the whole, however, societies that have managed to rise to the challenges of diversity have benefited incalculably.

The headscarf controversy in France

In February 2004 France adopted a law banning the wearing of ostentatious religious symbols in public schools. Most subsequent debate has centred on the wearing of a headscarf (or *hijab*) by Muslim girls, although it also extends to Sikh boys who have been asked not to wear turbans. The controversy surrounding these religious symbols strikes at the heart of the dilemma for the French government of trying to integrate religious populations in a secular society. Proponents of the law argue that schools should be neutral environments where the principles of secularism, republicanism, and citizenship are taught and reflected. Its opponents, in contrast, argue that the law is discriminatory, and in particular has fuelled anti-Muslim and anti-Arab sentiment in France.

The positive and negative impacts of diversity are most keenly felt in major cities, especially so-called 'global cities' like New York, London, and Hong Kong. Migration has become an integral part of the character of such cities in at least three ways. First, global cities in particular rely on highly skilled migration and ICTs to fuel the boom in international finance, legal services, and high-level business services such as accounting, advertising, and insurance upon which their economic status is largely based. Second, migrants often also fill the lower status jobs upon which all cities equally rely simply to function, for example, in transportation, waste disposal, hospitality, construction, and catering.

Third, and as a result of the availability of work, international migrants have become increasingly concentrated in global and other large cities around the world. Often they are concentrated in particular areas or districts as migrants tend to settle among their own community and close to places (such as churches, mosques, and community centres) that can give particular assistance that can be difficult to receive from local institutions. These concentrations of migrant communities add considerable colour and character to major cities around the world, forming world-famous districts like Chinatown and Little Italy in both New

Migrants in cities

Examples abound of migrants being concentrated in the poorest parts of cities around the world. The poor suburbs (*banlieues*) in Paris and other major French cities are dominated by Algerian and other North African populations. In Dharavi in Mumbai, which is considered the world's largest slum, Tamil is the main language spoken (it houses migrants from southern India as well as from Sri Lanka). In Bangkok, Burmese migrants primarily live in the slum area of Klong Toey. Many Palestinians still live in squalid conditions in refugee camps in Amman in Jordan. Hillbrow, a squatter settlement of Johannesburg, is mainly home to immigrants from Nigeria and French-speaking Africa. People living in informal settlements (*asentamientos nuevos*) in San José de Costa Rica generally come from Nicaragua. Bengalese, Afghans, and Burmese tend to live in the unplanned areas (*katchi abadis*) of Baldia and Orangi in Karachi in Pakistan.

York and London. At the same time, migrants can be concentrated in the poorest parts of these cities, forming what are often referred to as ghettos.

Another way that migrants can be thought of as having enriched societies and cultures is through forging new transnational identities. As indicated in Chapter 2, transnationalism is viewed by some as a political problem as it potentially undermines national allegiance. At the same time, it has potentially transformative social and cultural impacts according to Steve Vertovec, a leading theorist of transnationalism. First, transnational migrants create new social formations that span borders. Second, transnationalism is associated with a new form of consciousness, as increasing numbers of migrants have dual or multiple identifications. Third, transnational migrants provide modes for cultural reproduction. They interpret and blend their cultures in new contexts to produce new, hybrid cultures. Fourth, transnational migrants can be the focus for new avenues of capital – the flow of remittances detailed in Chapter 4 is a good example. Fifth, transnational migrants create new sites for political engagement. In particular, they can mobilize and influence politics in their home countries from abroad. Finally, it has been suggested that transnationalism results in the reconstruction of places and localities – in other words, that migrants can transform destination societies to be reminiscent of their own place of origin.

There are critics of the concept of transnationalism. Some say there is nothing particularly new about any of the processes described above. Others say they have been exaggerated and do not apply to most migrants in most parts of the world. Nevertheless, even the most ardent critics would probably agree that immigration has intersected with globalization to effect significant social and cultural, as well as economic, changes in destination societies. These changes are irreversible.

Chapter 8
The future of international migration

I hope this book has provided ample explanation for why trying to predict the future of international migration is a very unreliable exercise. Conceptual and data problems mean it can be hard to say just who migrants are and how many they are. Migration has become inextricably linked with a wider set of global economic and social changes, the dynamics of which can be subject to sudden changes. Migration and refugee regimes, which have important implications for the entry and subsequent status of migrants, can be affected by domestic political agendas that regularly change. Migration policies do not always have their intended effect. The implications of migration for subsequent second and third generations vary between countries and groups and cannot be modelled.

At the same time it is possible to discern current trends – in migration patterns and processes as well as policies – that it seems likely will contribute towards shaping international migration in the next few decades. Taking the main themes of each of the preceding chapters in turn, this final chapter identifies and briefly discusses some of these trends.

Asian migration

Most commentators would agree that the changing dimensions and dynamics identified in the first chapter of this book are likely to continue. International migration will probably continue to increase in scale and diversity for the foreseeable future and to affect every part of the globe, either directly or indirectly. The proportion of women among international migrants is likely to increase. Temporary and circular migration seems set to become an even more dominant norm. The potential for international migration to contribute to global economic growth will become greater, for example, as the scale of highly skilled migration grows; as will the social challenges of immigration as hyper-diversity becomes accentuated. In other words, migration will continue to matter.

Perhaps nowhere will it matter more in the foreseeable future than in Asia. In the 1970s and 1980s international migration from Asia grew dramatically. The main destinations were North America, Australia, and the Gulf States. In 2000 there were over 7 million Asian migrants in the USA – China was the second largest source of migrants each year after Mexico. OECD estimates put the Asian-born population in Australia at over 1 million, or a quarter of the total immigrant population and 5 per cent of the total population. There are at least 5 million Asian migrants working in the Gulf States.

Today, however, the main growth is in migration within Asia. In 2000 it was estimated that there were 6.2 million Asians employed outside their own countries but within the Asia region. According to the ILO, migration for employment within Asia has grown at around 6 per cent each year since 1995, despite the Asian financial crisis of 1997–9. The main sources are poorer countries with enormous labour surpluses, especially the Philippines, but also Bangladesh, India, Indonesia, Pakistan, and Sri Lanka. The principal destinations are the 'tiger' economies or newly industrializing countries (NICs) of East Asia, including Japan, Malaysia, Singapore, and Thailand.

The potential for growth in international migration is enormous. There is no sign of a slowdown in economic growth in East and South-East Asia, and as a result these regions seem certain to pull in more migrant workers. China is now the third largest trader in the world and has overtaken Japan. This has happened in the space of just 20 years, and particularly in two regions – the Pearl River Delta (PRD) and the Yangtze Delta. The PRD is already running out of labour and has an estimated shortfall of 2 million workers. To compete with the Yangtze Delta region the PRD will have to look westwards for its workers, first to other Chinese provinces and then perhaps elsewhere in Asia and even to sub-Saharan Africa. The supply of labour within the region also appears set to grow as quickly as demand for it. The Indian subcontinent has a vast labour reservoir which shows increasing signs of moving. The Philippines and Indonesia also have significant population growth and both view labour export as a vital part of their economic strategies for the future.

What is also striking about Asian migration is its diversity. In many ways it encapsulates the changing dynamics discussed in Chapter 1. There is an increasing proportion of female migration, as many of the jobs for migrant labour in the region are in domestic work, entertainment, hospitality, and on clothing and electronics assembly-lines. As we shall see below, there is also a growth in highly skilled migration and student migration in particular destined for North America, as well as at the other end of the spectrum significant populations of irregular migrants, refugees, and IDPs. Temporary migration remains the norm within the region, where the vast majority of labour migration is on a contract basis and because most Asian countries have resolutely resisted the notion of permanently settling migrants.

Internal migration

The purpose of Chapter 2 was to explain how conceptual challenges, data problems, and variations in state policies mean that defining a migrant is not always straightforward. The chapter – as has the book as a whole – focused exclusively on international migrants. Definitions become even more complex, however, where internal migrants are also included: there are far more of them yet few states count them; they move for just as wide a range of reasons; and sometimes they can be hard to distinguish from international migrants, for example, where borders shift, are unclear, or are porous.

It is estimated that in China alone there are 140 million internal migrants, compared with 200 million international migrants worldwide. What is more, internal migration appears set to grow at an even faster rate than international migration in the next few years. In the next 20 years a further 300 million Chinese are expected to migrate within their country – in other words, the number of internal migrants in China alone will increase threefold.

Its sheer scale alone makes the case for far more attention to be paid to internal migration than has been the case to date. The main reason, however, why internal migration matters for shaping the future of international migration is that it often pre-empts international migration. In other words, people who have moved from the countryside to the town or city often then continue to migrate out of the country. There are several explanations. One is that internal migration is self-selecting and comprises the more entrepreneurial within a society, and it is these people in turn who are likely to take the further risk of migrating across borders. In addition, they have experienced migration first-hand; often have access to more education and information as a result of moving to cities, as well as to higher incomes and a wider choice of means of transportation. Internal migration can be particularly liberating for women, as cities are usually less conservative and patriarchal than rural areas, and provide the opportunity for women to become better educated and employed and more independent.

Internal migration can also contribute to development. It has been estimated that it has contributed up to 16 per cent annually to the growth of China's GDP in recent years. The main reason is that internal migration is one way of relieving unemployment in certain areas and filling labour market gaps in other areas. Limited research indicates that internal migrants also send home significant remittances. According to one estimate, the equivalent of over US$30 billion is sent home each year by Chinese internal migrants – mainly to rural areas by workers who have moved to the city. Their remittances have helped reduce the rural–urban income gap in China, decrease regional disparities in wealth, reduce rural poverty, pay for education and healthcare, and promote consumption and investment.

Highly skilled migration

Chapter 3 demonstrated the wide variety of ways that globalization has impacted on migration. Structural inequalities in the global economy will remain and continue to cause migration for the foreseeable future, which will be further facilitated by new revolutions in communications and transportation and the momentum of migration networks and the migration industry. Migration and globalization will continue to be inextricably linked.

One of the implications of globalization that was highlighted is that certain people are more mobile than ever before, especially the skilled. While highly skilled migration will always remain a relatively small proportion of total migration, its impact is likely to grow. In other words, its economic significance far outweighs its numerical significance. The highly skilled comprise what Richard Florida describes as a new 'creative class' that is transforming work, leisure, community, and everyday life. It is noteworthy that the follow-up to Florida's influential book *The Rise of the Creative Class* is *The Flight of the Creative Class*, in which he describes increasing mobility among these professionals.

At the same time, transformations in advanced economies – including the growth of the financial sector and its associated services, increasing reliance on technology in industry and services, growing demand for doctors and nurses as a result of the demographic deficit, and the importance of education, research, and development for maintaining a competitive edge – are expected to place an increasingly high premium on attracting professionals from a limited global pool of skills. The rich countries are entering what some commentators have described as a 'war for talent' that seems likely to shape migration policy in the future. In his second book Florida cites Pete Hodgson, at the time New Zealand's minister for research, science, and technology: 'We no longer think of immigration as a gate-keeping function but as a talent-attraction function necessary for economic growth.'

One of the main emerging trends is that the USA can no longer assume that it will necessarily attract the world's best and brightest workers and students as it did for most of the 20th century. In the last few years, governments in France, Germany, the Netherlands, and the UK have realized the need to make it easier for highly skilled workers to enter their countries and have adjusted their policies accordingly. The EU is currently considering a 'job seeker's permit' for highly skilled workers. Since 2001, Australia has been allowing foreign students to move more easily into the labour market rather than requiring them to return home. Partly in response to growing competition, the United States Senate voted in 2005 to increase the annual quota for H-1B visas from 65,000 to 95,000 per year, and it seems likely to increase still further in the next few years.

In recent years Germany has proved particularly fertile ground for recruiting skilled workers, because of a persistently high unemployment rate. In 2005 Australia, New Zealand, and Canada all actively sought skilled migrants from Germany. But the net is also widening beyond industrialized societies, in particular to include China, India, and East Asia. Australia and New Zealand also have recruitment programmes to attract back their own talent in addition to skilled foreign workers.

A related trend is growing competition for foreign students. One reason is that in most countries foreign students pay far higher tuition fees than nationals, and recruiting them represents a good investment for universities. But the bigger picture is that today's foreign students are the skilled immigrants of tomorrow. According to a 2005 report by the OECD, Australia, France, Germany, the UK, and the USA receive 70 per cent of foreign students in OECD countries. The USA alone admitted 565,000 foreign students in 2004 – over half of them from Asia. Nevertheless, the share of the USA has fallen in recent years, largely because of changes in visa policy since 9/11 which have made it harder for students from some countries to enter. Meanwhile the flow of students from China and India, the largest source countries for foreign students worldwide, is by no means certain as the quality of their national universities improve. This competition may well shape student policies in the USA and Europe in years to come.

Temporary migration

Chapter 4 focused on the ways that migration impacts on development in origin countries. The headline story will remain remittances, which according to all estimates will continue to grow even more – initial World Bank estimates for 2006 put the scale of formal remittances worldwide at US$250 billion. Diasporas are also likely to have a growing influence, as more and more origin countries realize their potential and reach out to mobilize them.

Return migration also seems set to increase, and as was indicated in Chapter 4 probably represents the best long-term response to the challenges of the brain drain. One reason is that an increasing number of countries around the world are introducing temporary migration programmes, the point of which is to admit migrant workers for temporary periods of time, on the agreement that they will then return home. These apply both to high- and low-skilled workers.

In the early 1990s Germany was host to the largest number of temporary workers, and between a quarter and a third of a million have continued to enter each year. Today the largest number enters the USA – entries of temporary workers there have quadrupled since the early 1990s to over half a million annually. Of the industrialized countries, Japan now ranks third, with about 200,000 per year. Although the total numbers are significantly less, there have also been increases in the entry of temporary workers in other developed countries, especially across Europe, as new policies have been introduced to attract them.

An alternative way to gain temporary foreign labour is to regularize irregular migrants and grant them a legal work permit for a limited period. This was one of the driving forces behind Spain's regularization of about 700,000 irregular migrants in 2005, none of whom will be entitled to legal permanent residence. One of the immigration reform proposals introduced in the US Congress in 2005, the Cornyn-Kyl bill, would create a temporary worker programme that would be open to irregular migrants who first return home, but it too would not allow them to settle permanently in the USA. Malaysia, which attracts hundreds of thousands of workers from Indonesia, Bangladesh, and the Philippines, is also attempting to turn its irregular migrant population into legal, temporary workers. The government announced in 2004 that it would allow irregular immigrants to leave the country without penalty by the end of the year and that those who departed in time would be allowed to return to work through legal channels. The deadline for leaving was pushed back to 2005 in response to the impact of the tsunami in Indonesia.

The advantage of temporary migration for destination countries is that it can fill specific labour market gaps for a particular period and in a given location. It also avoids the long-term challenges of social integration, and as such reduces some of the negative attitudes and reactions of the host population towards immigration. For origin countries, temporary migration can reduce domestic unemployment and contribute to financial inflows through remittances. As migrants return after a set period the longer term impacts of the brain drain can be avoided, and furthermore there can be a brain gain as migrants return with additional skills.

There are two main reservations about temporary migration programmes. One is that they do not always safeguard the rights of the migrants. Concerns are regularly raised by human rights advocates, for example, about the treatment of contract domestic workers in the Gulf States. Even where direct exploitation is not a problem, some commentators believe that temporary migration will inevitably create two tiers of migrants – permanent migrants, who are entitled to full integration and its benefits, and temporary migrants, who are marginalized from mainstream society in order to ensure that they return.

The issue of return is the second subject of debate. Sceptics point to earlier experiences with temporary migration programmes in Europe, where 'guestworkers' who intended to stay for only short periods of time ended up settling permanently in countries like France, Belgium, and especially Germany. An old adage that is often used in this context is that 'There is nothing more permanent than a temporary migrant.' Another, that helps explain why, is a quote from Swiss novelist Max Frisch that 'We asked for workers and we got people.' In other words, once people earn a reasonable income, find a home, develop social networks – in short once people begin to 'feel at home' – they may not want to return when they are expected to.

From controlling to managing irregular migration

I hope Chapter 5 made it clear that irregular migration is a serious problem for all affected – although not always in the ways that media coverage and some politicians might emphasize. Efforts to stem irregular migration will continue to figure very high on migration policy agendas around the world. Yet there has been a subtle but significant shift in the language used by both policy-makers and academics in this regard in recent years. Whereas people once spoke of controlling irregular migration (and indeed international migration more generally), they now tend to speak of managing irregular migration.

The implication is certainly not that states are taking irregular migration any less seriously. It has been estimated, for example, that in 2002 alone Canada, Germany, the Netherlands, the UK, and the USA together spent about US$17 billion trying to respond to the problem of irregular migration. There is, at the same time, a growing consensus that irregular migration cannot be stopped altogether. It will continue to be an important component of the future of international migration.

One reason is that the forces that determine the scale of international migration – including irregular migration – are powerful, for example, growing disparities in the level of prosperity and human security experienced by different societies. A second is that certain states lack the political will to address irregular migration. This applies in particular to states in certain countries of origin where irregular migration can be beneficial, relieving unemployment and providing a source of remittances and overseas investment. Even in destination states irregular migration can be viewed as quite functional from an economic perspective. As a result of deregulation, liberalization, and flexibilization, there is growing demand for various forms of unskilled and semi-skilled labour employed under precarious conditions. Irregular migrants provide a cheap source of labour and are often willing to work in sectors in which regular migrants and nationals are not.

A third reason is that policies aimed at reducing irregular migration have at times been ineffective and even had unintended consequences. Although the relationship is difficult to prove empirically, many academic experts think that one of the consequences of increasing restrictions on asylum-seekers in Europe, for example, has been to fuel the growth of migrant smuggling. Put simply, the argument is that people want to continue to enter Europe – for some because they are fleeing persecution and for others because they want to work – and if they cannot do so legally through applying for asylum they will do so illegally through employing a smuggler.

It has become clear that control measures such as border fences, biometric testing, and visas are in isolation unlikely to reduce irregular migration in the long term. They probably need to be combined with more proactive measures that address the causes of irregular migration, including achieving development targets to increase security and improve livelihoods in origin countries, as well as expanding opportunities to move legally. At the same time, it is unrealistic to expect states to dismantle controls altogether and open their borders, as is sometimes advocated. Most commentators now acknowledge that irregular migration will continue for the foreseeable future.

Internal displacement

One of the most striking messages of Chapter 6 – and indeed one of the great success stories of contemporary international migration – is the significant reduction in the number of refugees and asylum-seekers worldwide. The number of refugees is the lowest for 25 years while the number of asylum applications in Europe is half what it was 15 years ago.

This is one reason why the international community is currently paying greater attention than previously to IDPs. Another is that, unlike refugees, their number has grown rapidly. It has been estimated that there are as many as 24 million IDPs worldwide uprooted by conflict. Many millions more have been forced to move because of environmental factors – the Asian *tsunami* at the end of 2004 that particularly impacted parts of Sri Lanka and Indonesia, Hurricane Katrina that devastated the US Gulf Coast in August 2005, and the October 2005 earthquake in northern Pakistan between them displaced millions more. Further millions have also been displaced as a result of development projects such as the construction of dams and new cities.

In addition, in recent years the international community has demonstrated a new willingness to intervene in the internal or sovereign affairs of other countries – to provide humanitarian assistance but also to impose changes. Political scientists suggest that at the same time the concept of sovereignty is changing, and an increasing number of states realize that sovereignty implies not just rights but also a responsibility to protect citizens. Where the state lacks the ability to do so, it should ask the international community for assistance.

For these reasons, the international refugee regime is beginning to incorporate IDPs, albeit in a limited sense. On the one hand, there is no indication that a new convention will be developed or a new UN agency set up. On the other, the UN has developed a set of Guiding Principles on Internal Displacement, which, while not legally binding like a convention, are widely recognized as a guide for the development of national laws and policies. In addition, a number of UN agencies, including UNHCR, are formally extending their activities to include certain responsibilities for IDPs.

There are controversies. Some argue that a more formal and binding response is needed – why should there be an enormous UN agency for 9 million refugees and none for 24 million IDPs? Others counter that IDPs are citizens of their own countries and their needs should not be elevated above those of many other poor people who have not migrated internally. As explained in Chapter 6, UNHCR already faces a budget crisis and critics would argue has not always been effective in fulfilling its mandate for refugees, so how can it hope to protect and assist many millions more IDPs? Whatever the resolution, IDPs are rising quickly on UN and other humanitarian agendas and will figure significantly in the years to come.

Respecting migrants

Chapter 7 introduced some of the main debates surrounding the economic, political, social, and cultural impacts of migration on host societies. Societies will, without any doubt, continue to struggle with the challenges of integration, as the scale and diversity of migration continue to increase, but also as they adjust to new global economic realities, a new security doctrine and fundamental demographic changes. In a survey of migration experts on the top ten migration issues of 2005, conducted by the influential Migration Policy Institute based in Washington, DC, the number one issue identified was the challenge of integrating Muslims in Europe. Although this was clearly in response to a number of specific events that occurred in 2005 – the London bombings, the sentencing to life imprisonment of a second generation Moroccan for the murder of the filmmaker Theo van Gogh in the Netherlands, and two weeks of rioting in disadvantaged immigrant communities in Paris and other major cities across France – it is indicative that integration has now risen to the very top of political agendas.

Many commentators, however, fear that the rights of migrants risk being subsumed by wider national and international economic, political, and especially security concerns. Advocating for migrants' rights seems likely to be a very important component of the politics of migration for the foreseeable future.

While Chapter 7 provided examples of migrants who have broadly succeeded – ethnic entrepreneurs, the highly skilled, and transnationals – it also provided a reminder that certain migrant groups tend to be unemployed or fill low-status jobs, and live in poor conditions. There is substantial evidence that migrants can face specific disadvantages. They often have no or limited legal rights and suffer discrimination in the criminal justice system. They have limited access to education and healthcare. They are often excluded from civic participation. They can also suffer harassment and racial and religious hatred and violence.

Women face particular challenges. Of course some are highly successful, and migration can empower women. But women who migrate to marry; as domestic labourers, or to work in the entertainment and sex industries are particularly vulnerable to exploitation and social isolation. The specific problems of trafficking have already been explained. Migrant women experience discrimination in the labour market in many countries. They can be subject to dismissal and even deportation if they become pregnant or become socially stigmatized if they contract HIV/AIDS. Migrant women can be at risk of violence from their spouse, especially in communities that are poor and marginalized. Furthermore, they are more likely than men to stay at home, making it more difficult for them to establish the language skills and social networks required to integrate in their new society.

Children also require specific attention. They are often more traumatized than adults by the fact that they have left behind a familiar way of life and find themselves in a society where the language and culture are quite different. Migration can lead to gender and generational tensions within households and these in turn can impact quite directly on the welfare of the youngest members. In the worst cases they can lead to violence and abusive treatment, particularly against girls and young women. As migrant children grow up, they can also experience a sense of alienation and uncertainties about their own identity and allegiances, especially if they encounter discrimination and xenophobia.

Conclusion

The overall aim of this Very Short Introduction has been to try to set the tone for a more rational debate about international migration. That debate should consider the evidence rather than rely on exaggerated media reports. It needs to place local concerns in a global context. It is important that it considers the totality of population movements rather than focus on just one or two groups, far less demonize them. It should use the word 'migrant' in a clear, consistent, and non-discriminatory manner. It needs to understand the limitations of statistics. A balanced view is required on the advantages and disadvantages of all aspects of migration, for all those affected.

Further reading

There is an enormous academic literature on international migration and refugees. A few key texts are identified below for further reading around the topics covered in each chapter of this book, but the list is by no means comprehensive. Much of the research that this book has drawn upon appears in journal articles: *Asia and Pacific Migration Journal* (Quezon City: Scalabrini Migration Center), *International Migration* (Washington, DC: Institute for the Study of International Migration), *International Migration Review* (New York: Center for Migration Studies), *Journal of Ethnic and Migration Studies* (Brighton: University of Sussex Centre for Migration Research), and *Journal of Refugee Studies* (Oxford: Refugee Studies Centre) are all important sources for up-to-date research articles. The website of the Centre for Migration, Policy, and Society (COMPAS) at Oxford University at www.compas.ox.ac.uk is also a useful starting point for further reading as is the Migration Information Source (www.migrationinformation.org) of the Migration Policy Institute. The websites of IOM (www.iom.int) and UNHCR (www.unhcr.ch) are good sources for reports and data on international migration and refugees respectively.

Chapter 1

IOM, *World Migration 2005: Costs and Benefits of International Migration* (IOM, 2005) is the most recent edition of a regular publication by IOM that provides an overview of contemporary migration issues and data.

Stephen Castles and Mark Miller, *The Age of Migration: International Population Movements in the Modern World* (3rd edn, Macmillan, 2003) is the leading text on contemporary migration patterns and processes; and includes an overview of the main theoretical approaches and debates.

Robin Cohen, *The Cambridge Survey of World Migration* (Cambridge University Press, 1995) is a comprehensive collection of short articles on various migration issues worldwide over the past three centuries.

Chapter 2

Alex Aleinikoff and Douglas Klusmeyer, *Citizenship Today: Global Perspectives and Practices* (Carnegie Endowment for International Peace, 2001) provides a global comparative overview of different models and policies for integration and citizenship.

Paul Boyle, Keith Halfacree, and Vaughan Robinson, *Exploring Contemporary Migration* (Longman, 1998) includes an overview of concepts and categories of international migration.

Steven Vertovec and Robin Cohen, *Migration, Diasporas and Transnationalism* (Edward Elgar, 1999) is a collection of the key academic articles and chapters on diasporas and transnationalism over the preceding 20 years.

Chapter 3

Stephen Castles and Alastair Davidson, *Citizenship and Migration: Globalisation and the Politics of Belonging* (Macmillan, 2000) examines the impacts of globalization on new forms of migration and identity.

Stephen Castles and Mark Miller, *The Age of Migration: International Population Movements in the Modern World* (3rd edn, Macmillan, 2003) is particularly strong on analysing the links between globalization and international migration.

Peter Stalker, *Workers without Frontiers: The Impact of Globalization on International Migration* (Lynne Rienner, 2000) adopts a global perspective to analyse trends and policies in labour migration and considers the debate on open borders for workers.

Chapter 4

IOM, *World Migration 2005: Costs and Benefits of International Migration* (IOM, 2005) focuses on migration and development as the theme for the latest edition of this biennial report.

Ron Skeldon, *Migration and Development: A Global Perspective* (Longman, 1997) provides an overview of the relationship between migration and development, with a particular focus on Asia.

UNDESA, *World Economic and Social Survey 2004* (UNDESA, 2005) focuses on contemporary international migration and contains data and in-depth analysis.

Chapter 5

Ko-Lin Chin, *Smuggled Chinese: Clandestine Immigration to the United States* (Temple University Press, 1999) is an in-depth analysis of migrant smuggling between China and the USA.

Bill Jordan and Franck Duvell, *Irregular Migration: The Dilemmas of Transnational Mobility* (Edward Elgar, 2003) contains a theoretical overview of irregular migration, a series of case studies of irregular migrant populations. Its focus is the UK.

David Kyle and Rey Koslowski, *Global Human Smuggling* (Johns Hopkins Press, 2001) is an edited collection of chapters on migrant smuggling and human trafficking around the world.

Chapter 6

Gil Loescher, *The UNHCR and World Politics: A Perilous Path* (Oxford University Press, 2001) describes the evolution of UNHCR and the international refugee regime.

Susan Forbes Martin, *Refugee Women* (2nd edn, Lexington Books, 2003) focuses on refugee women and policy recommendations.

UNHCR, *The State of the World's Refugees* (Oxford University Press, 2006) is the latest edition of a biennial UNHCR publication providing an overview of current asylum and refugee issues and data.

Chapter 7

George Borjas, *Friends or Strangers: The Impact of Immigration on the US Economy* (Basic Books, 1990) analyses the economic impact of immigration in the USA during the 20th century.

Robin Cohen and Zig Layton-Henry, *The Politics of Migration* (Cheltenham: Edward Elgar, 1997) includes an overview of the political impacts of migrants and migration.

Alejandro Portes and Ruben Rumbaut, *Immigrant America: A Portrait* (3rd edn, University of California Press, 2006) analyses the various impacts of immigration in the USA.

Chapter 8

Wayne Cornelius, Phil Martin, and Jim Hollifield, *Controlling Immigration: A Global Perspective* (2nd edn, Stanford University Press, 2003) compares policies on migration control and their underlying philosophies around the world.

Richard Florida, *The Flight of the Creative Class: The New Global Competition for Talent* (Harper Collins, 2005) analyses highly skilled migration and the global competition for skills.

Ari Zolberg and Peter Benda, *Global Migrants, Global Refugees: Problems and Solutions* (New York: Oxford University Press, 2001) is an edited volume of chapters on a variety of current and future migration and refugee challenges.

“牛津通识读本”已出书目

古典哲学的趣味
人生的意义
文学理论入门
大众经济学
历史之源
设计，无处不在
生活中的心理学
政治的历史与边界
哲学的思与惑
资本主义
美国总统制
海德格尔
我们时代的伦理学
卡夫卡是谁
考古学的过去与未来
天文学简史
社会学的意识
康德
尼采
亚里士多德的世界
西方艺术新论
全球化面面观
简明逻辑学
法哲学：价值与事实
政治哲学与幸福根基
选择理论
后殖民主义与世界格局

福柯
缤纷的语言学
达达和超现实主义
佛学概论
维特根斯坦与哲学
科学哲学
印度哲学祛魅
克尔凯郭尔
科学革命
广告
数学
叔本华
笛卡尔
基督教神学
犹太人与犹太教
现代日本
罗兰·巴特
马基雅维里
全球经济史
进化
性存在
量子理论
牛顿新传
国际移民
哈贝马斯
医学伦理
黑格尔

地球
记忆
法律
中国文学
托克维尔
休谟
分子
法国大革命
丝绸之路
民族主义
科幻作品
罗素
美国政党与选举
美国最高法院
纪录片
大萧条与罗斯福新政
领导力
无神论
罗马共和国
美国国会
民主
英格兰文学
现代主义
网络
自闭症
德里达
浪漫主义

批判理论 德国文学 儿童心理学

电影